王京生　樊建平/主编　杨柳/著

粤港澳大湾区战略性新兴产业研究

生命健康产业卷

海天出版社

·深圳·

图书在版编目 (CIP) 数据

粤港澳大湾区战略性新兴产业研究. 生命健康产业卷/
王京生, 樊建平主编; 杨柳著. — 深圳: 海天出版社, 2020.1
ISBN 978-7-5507-2835-6

Ⅰ.①粤… Ⅱ.①王… ②樊… ③杨… Ⅲ.①医疗保健事
业—产业发展—研究—广东、香港、澳门 Ⅳ.①F127.65
②R199.2

中国版本图书馆CIP数据核字(2020)第010901号

粤港澳大湾区战略性新兴产业研究·生命健康产业卷

YUEGANG' AO DAWANQU ZHANLÜEXING XINXING CHANYE YANJIU SHENGMINGJIANKANGCHANYE JUAN

出 品 人　聂雄前
责任编辑　邱玉鑫　张绪华
责任技编　陈洁霞
封面设计　元明·设计

出版发行　海天出版社
地　　址　深圳市彩田南路海天综合大厦　(518033)
网　　址　www.htph.com.cn
订购电话　0755-83460239 (邮购、团购)
设计制作　蒙丹广告0755-82027867
印　　刷　深圳市华信图文印务有限公司
开　　本　787mm×1092mm　1/16
印　　张　11.25
字　　数　140千
版　　次　2020年1月第1版
印　　次　2020年1月第1次
定　　价　58.00元

未来已来

王京生

国务院参事
联合国教科文组织"孔子奖章"获得者
北京大学、北京师范大学、深圳大学客座教授

  如果把亚洲分成大陆亚洲和海洋亚洲的话，那么珠江入海口就是两者的连接点，这里将崛起世界上最密集的城市群。这种说法，曾出现在英国作家詹姆斯·克拉维尔于 20 世纪 80 年代出版的小说《望族》中，无形之中成为今天粤港澳大湾区崛起的绝佳预言。

  回望这片湾区城市群的现代化进程，可以分为三个时期：第一个时期，是改革开放前，从 20 世纪 60 年代起，香港作为"亚洲四小龙"之一崛起，与澳门一道，为中国内地改革开放做了前期准备，成为中国观察世界和引进外资的重要窗口；第二个时期，经过 40 年改革开放，以深圳为代表的湾区城市，不仅自己实现了从无到有的蝶变，一跃成为领跑全国的先锋城市，同时也使整个城市群呈现欣欣向荣的局面，为粤港澳大湾区媲美于世界其他湾区奠定了基础；第三个时期，中央作出设立粤港澳大湾区的战略部署，并支持深圳建设中国特色社会主义先行示范区，表明粤

港澳大湾区作为我国深化改革开放的代表性地区，将从国家战略层面出发，进一步整合优势资源，参与到国际竞争当中。

粤港澳大湾区云集广深港三大国际大都市，造就了以东莞、佛山为代表的世界制造工厂，拥有香港港、深圳港、广州港等一系列世界级港口群，形成"城市群＋港口群＋产业群"的超强世界城市群。其城镇化水平、土地面积、人口规模、地区生产总值总量和产业竞争力，都堪与世界一流城市群匹敌。

畅销书《变量》里说，粤港澳大湾区的中心城市是哪一个？香港？广州？深圳？都是，又都不是。未来的粤港澳大湾区更像是一个超级的组合城市。

一个与纽约湾区、旧金山湾区、东京湾区并驾齐驱的世界级城市群，已经呼之欲出。粤港澳大湾区土地面积 5.6 万平方公里，约 7000 万的人口规模，以仅占全国 0.6% 的土地面积，地区生产总值占全国总量的 12.57%，未来增长空间十分巨大。自 2019 年 2 月 18 日中共中央、国务院正式公布《粤港澳大湾区发展规划纲要》之后，粤港澳大湾区的建设引起全球关注。随着城市化的推进，粤港澳大湾区的人口将超过 1 亿，实现人口翻倍，意味着有望超过世界三大湾区。

粤港澳大湾区不仅是中国最有活力的经济板块之一，更重要的是，它将引领下一波的世界发展潮流。在这样的情况下，观察它今天的科学技术、产业布局，特别是战略性新兴产业的情况尤为重要。实际上，我们在用今天的眼光瞻视未来，而未来已经在我们面前呈现清晰的轮廓。

作为国家战略的粤港澳大湾区，诞生在一个创新驱动发展的新时代。这个时代，基因技术、大数据、云计算、物联网、机器人、人工智能……一个个新鲜词语不断涌现。由这些词汇堆砌的未来世界，是一个机器人可以代替更多人类工作的世界，是一个虚拟世界与现实世界逐渐模糊的世界，也是一个创新驱动、充满幻想的世界。

粤港澳大湾区血脉里拥有天然的创新基因，它的战略定位就是要成为具有全球影响力的国际科技创新中心。在这里，不仅金融产业发达，而且未来产业发展速度国内领先。在这里，开始流行给新出生的婴儿做基因检测预测性格，中学生开始学习人工智能的编程课程，工业机器人代替了更多的年轻人在流水线上工作，服务机器人出现在机场担任迎宾或在商场担任导购，无人驾驶的大巴开始在街头试运行，新能源出租车取代了传统汽车，自助图书馆和自助办证等越来越多的自助机器闯入我们的生活，无人机不仅可以航拍而且能服务消防和公安领域。这一切分明在说：未来已来。

在这里，传统产业从业者已经不再观望，纷纷引入互联网技术或者人工智能技术，各个产业在悄悄地升级，流水线上大量的工人纷纷涌入城市做起了快递员和销售员；年轻的父母开始为子女选择专业感到苦恼，时常在一起讨论学习哪个专业未来更有前途，或者最好是从什么年龄开始学习编程课程。因为站在时代大潮的路口，他们非常明白，未来的变化只可能更快速、更迅猛，父母是否有能力为孩子规划好未来，这个问题让人思虑再三，且忐忑难安。毕竟，他们虽置身其中，却对未来产业所知甚少。有人说："你的对手不是竞争对手，而是整个时代。"现在看来，这句话还是很中肯的，不论个人或者企业，成功的最终决定因素是我们能否跟上这个时代的步伐。而只有那些洞察趋势的先行者，才能把握时代的机遇。

《粤港澳大湾区发展规划纲要》第六章第二节指出要"培育壮大战略性新兴产业"，描绘出了大湾区未来的产业格局。"依托香港、澳门、广州、深圳等中心城市的科研资源优势和高新技术产业基础，充分发挥国家级新区、国家自主创新示范区、国家高新区等高端要素集聚平台作用，联合打造一批产业链条完善、辐射带动力强、具有国际竞争力的战略性新兴产业集群，增强经济发展新动能。推动新一代信息技术、生物技术、高端装备制造、新材料等发展壮大为新支柱产业，在新型显示、新一代通信技术、5G和移动互联网、蛋白类等生物医药、高端医学诊疗设备、基因检测、现代中药、智能机器人、3D打印、北斗卫星应用等重点领域培育一批重大产业项目。围绕信息消费、新型健康技术、海洋工程装备、高技术服务业、高性能集成电路等重点领域及其关键环节，实施一批战略性新兴产业重大工程。"

"粤港澳大湾区战略性新兴产业研究"丛书用通俗易懂的语言讲述战略性新兴产业中的创业故事和产业趋势，主要探索未来20年中能够主导我们经济和社会的产业。5册图书是基于未来的5个关键的战略性新兴产业而分类创作的，包括机器人、人工智能、生命健康、新材料、物联网，之所以选择这五大产业不仅仅是因为它们自身的重要性，各自拥有数百亿元甚至上千亿元的产值空间，而且也因为它们是全球化浪潮中的代表，彼此之间密不可分。比如，新材料是机器人、人工智能、物联网、生命健康等产业的基础；同时，随着BT（生物技术）和IT（信息技术）逐渐融合，生命健康产业也需要借助大数据、云计算等新技术；物联网同样与人工智能和云计算技术分不开。显而易见，未来世界将是一个多元技术、多个学科交叉融合的世界，让我们对未来不禁浮想联翩。

2019年8月，中共中央、国务院出台《关于支持深圳建设中国特色社会主义先行示范区的意见》，赋予深圳无比崇高的历史新使命。从一骑绝尘的"深圳速度"，到以高产出、低消耗、低污染为特征的"深圳效益"，到结构优化、创新驱动、绿色低碳的"深圳质量"，再到对标国际一流、打造更具时代引领性的"深圳设计""深圳品牌""深圳标准"……深圳始终牢记党中央创办经济特区的战略意图，在体制改革中发挥了"试验田"作用，在对外开放中发挥了重要"窗口"作用。先行示范，如果说最初只是深圳的使命，今天已经成为这座城市的自觉追求，沉淀为深圳的城市基因，深深融入城市的文化血脉中。建设中国特色社会主义先行示范区，是深圳新的使命，深圳要继续深化供给侧结构性改革，实施创新驱动发展战略，建设现代化经济体系，在构建高质量发展的体制机制上走在全国前列。本系列丛书里绝大多数的企业案例来自深圳，我们不仅可以看到深圳企业家群体锐意进取的精神，而且可以看到作为一个学习样板，深圳正在积极地以"一马当先"带动"万马奔腾"，加快实现社会主义现代化强国的进程。

需要指出的是，在先行示范、创新引领的背后，实际上需要一系列的支撑，特别是文化的支撑。习近平总书记强调，文化自信是更基础、更广泛、更深厚的自信，是更基本、更深沉、更持久的力量。文化是托举一切的大地。我们可以看到，世界上创新能力强的国家，往往是文化发达的国家。文化驱动创新，创新驱动发展。正是融合了创新、智慧、包容和力量的文化，在不断的流动与碰撞中，为经济社会尤其是新兴产业发展提供了更为有力和持久的支撑。

我们创作"粤港澳大湾区战略性新兴产业研究"丛书，一方面，站在未来产业的大潮里，倾听未来产业中的弄潮儿讲述精彩的创业故事，看他们是如何把一项成果转化为现实的生产力，又是怎样展望未来的发展趋势；另一方面，这些跌宕起伏的创业故事和专家的产业展望内容，也可以给父母和年轻人一些启迪和智慧，使其感受到创新背后文化和精神的力量，帮助我们和下一代更从容地面对新的经济浪潮。

未来在有准备的人们面前已经到来，因为承接未来的一切早已开始。

粤港澳大湾区战略性新兴产业研究

　　健康是促进人类全面发展的必然要求。生命健康产业关乎民生幸福与社会和谐，为提高人的身心健康水平提供全面的解决方案。当前，全民健康需求迅猛增长，生命科学、生物技术、信息技术取得重大突破，生命健康产业将成为推动社会经济又好又快发展的新动力。

　　在粤港澳大湾区正式成为国家战略之后，其各类创新产业发展也备受关注，生命健康产业便是粤港澳大湾区的重点产业之一。当前，全国医药行业正呈现蓬勃发展的态势，粤港澳大湾区生命健康产业也借助政策的东风迈上新台阶。

　　当我们准备研究"粤港澳大湾区生命健康产业"的时候，首先应当明确一下生命健康产业的边界。

　　根据《深圳市生命健康产业发展规划（2013—2020年）》的界定，生命健康产业包括生命信息、高端医疗、健康管理、照护康复、养生保健、健身休闲等领域的生命健康服务业以及为其提供支撑的生命信息设备、数字化健康设备、养老康复设备、新型保健品、健身休闲用品等生命健康制造业。数据显示，深圳市健康产业规模约2800亿元，同比增长约8%，截至2017年年底，深圳市健康产业相关企业总数为102463家。深圳市作为首批国家生物产业基地，新一代基因测序能力位居世界第一，拥有全国唯一的国家基因库，生命健康产业焕发出勃勃生机。

除了深圳之外，粤港澳大湾区内各城市的生物医药产业有着不同的资源禀赋与发展实力。比如，广州在科研学术力量的带动下，每年生物医药产业工业增加值达 500 亿元以上；香港在院校研发实力、生物科技产业基础以及政府支持力度的基础上，生物医药产业发展具有较强的优势；澳门在中医药研究方面处于领先地位等。

广东省是生命健康产业的大省，在 2017 年印发的《广东省战略性新兴产业发展"十三五"规划》中，广东提出"要强化生物产业创新发展技术基础……力争到 2020 年，全省生物产业产值规模突破 6000 亿元"的目标。大湾区内多个城市纷纷出台新政策文件，积极规划并推动发展生物科技业，包括深圳市发布生物医药产业扶持计划，广州市设立 100 亿元的生物医药产业投资基金，东莞市提出布局生物保健领域，打造生物医药产业集聚区等。[1]

从生命健康产业的上中下游来看，生命健康产业可分为预防、诊断治疗和预后。本书讲述的 6 个企业，除了来自香港的水中银（国际）生物科技有限公司是属于上游的用生物技术做第三方检测的企业，其他 5 家都是来自诊断治疗领域的企业，包括从事细胞治疗的北科生物和茵冠，研发骨水泥的中科海世御，做智慧医疗平台的睿心智能，研发体外诊断设备的华迈兴微。

这 6 家企业的共同特点，就是自身技术先进，所面对的市场前景广阔。比如，水中银提供世界领先的创新的检测方法，加强食品、药品、化妆品与水体环境的安全，成功研发多项全球首创的技术，包括转基因发光鱼测试慢性毒，斑马鱼测试急性毒；华迈兴微研发出全球首款微流控化

1　以上数据来源于前瞻产业研究院发布的《2018—2023 年中国生物医药行业战略规划和企业战略咨询报告》。

学发光免疫分析仪；北科生物的血管再生和靶向免疫细胞治疗实体瘤技术全球领先，茵冠在细胞治疗上多有建树，他们所面对的细胞治疗领域属于万亿级的新兴市场。我们还能从一些企业案例里，看到新技术的跨界融合，比如，睿心智能开发基于人工智能、云计算、基因检测、模拟仿真等技术的智能医学平台，从而深度挖掘医疗数据中的信息来更精准地评估病情。

目前，中国医药经济发展已经步入新常态，效益的增长速度在放缓，成本负担逐渐加重，行政调控偏紧，国际竞争不断加剧，因此企业对创新药的研发投入必须加码。未来，粤港澳大湾区生命健康产业的发展机会在于利用新一代技术创新推动产业发展，包括用基因技术、大数据、人工智能等技术来促进生命健康产业的潜力释放，推动智慧医疗健康向高效率、高层次发展。

粤港澳大湾区战略性新兴产业研究

01 水中银：
日内瓦国际发明展
全球最高荣誉大奖获得者

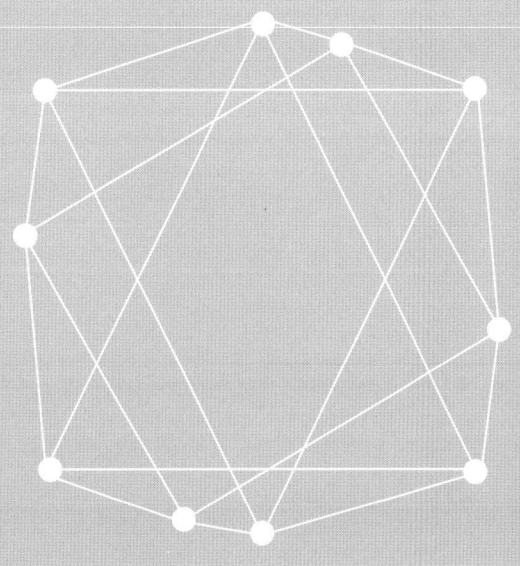

粤港澳大湾区
战略性新兴
产业研究

企业档案

水中银

　　水中银（国际）生物科技有限公司于2010年成立，愿景是"成为全球快消品安全与功效的标准制定者"。水中银公司获得包括美商中经合集团、英诺资本、香港城市大学基金、香江集团、六合控股集团、布里奇菲尔德全球有限公司（Bridgefield Global Limited）、巴巴鲁巴工业集团（Babaluba Industries Group）等多家投资机构以及多个投资银行家的大力支持。

　　水中银科研与管理团队拥有包括剑桥大学、麻省理工学院、斯坦福大学、香港大学与香港城市大学等院校的硕士生或博士生。国际科学家委员会由来自美国、德国、日本、瑞典、新加坡等国家与香港地区的世界权威科学家组成，他们参与评选、制定与推广多个国际标准。公司成立以来获得多个地区与国际性大奖，包括"第43届日内瓦国际发明展全球最高荣誉大奖""2015年达沃斯全球创新先锋""汇丰青年企业家奖亚洲总冠军""李光耀全球商业大赛季军""中东全球发明大会金奖""世界智慧财产权组织发明家奖""韩国国际发明金奖""香港工商业奖科技成就奖"，并被香港特区政府评为"过去十年科技示范项目"。

　　水中银一直以来致力于提供世界领先的创新的检测方法，加强食品、药品、化妆品与水体环境的安全，成功研发并商业化了多项全球首创的技术，例如转基因发光鱼测试慢性毒、斑马鱼测试急性毒。实验室自2013年起获得国际标准（ISO17025）认证，是亚洲唯一一家可以提供鱼胚胎毒性测试（FET）的测试中心，实验结果在全球超过100个国家与经济体受官方认可。服务的对象包括国内外领先的检测中心、政府机构与国际大型的化妆品集团和食品集团，相关技术在这些集团与政府的支援下正在发展成地区与国际性标准，是香港本土研发的技术成功被国内外顶尖科研与商业机构采纳并发展成为国际标准的经典案例。

【创业历程】
杜伟樑：用一尾小鱼搅动消费品安全市场

水中银（国际）生物科技有限公司（以下简称"水中银"）董事总经理杜伟樑自豪地说："水中银被香港媒体誉为'消费者委员会 2.0 版'，水中银已为全球 100 多家检测机构、政府、研究所、护肤化妆品企业以及餐饮品牌提供咨询服务，期盼于不久的将来把鱼胚胎毒性测试技术立项成区域及国际安全标准，造福全人类。"

这位 80 后的香港创业者身上，拥有一种对社会责任义不容辞的担当和面对困难时百折不挠的勇气，这也是水中银能成长为香港生物科技领域的"独角兽"的原因。

创业初期经历三次现金流危机

杜伟樑结识水中银早期创始人之一的陈子翔，是在美国前总统克林顿邀请的一个饭局上。互相介绍自己的时候，陈子翔介绍在 2008 年由于受到三聚氰胺毒奶粉事件的刺激，他于 2010 年在香港科技园创办了水中银公司，致力于打造一个世界领先的检测认证平台，加强食品、化妆品与水体环境的安全。杜伟樑对水中银所从事的用鱼胚胎测毒这项技术很感兴趣。陈子翔则对拥有曼彻斯特理工大学理学学士学位、剑桥大学工程硕士学位的杜伟樑印象深刻，因为他才20多岁就已经参与创办了一家上市公司。

　　当时，水中银公司成立才4个月，杜伟樑自告奋勇加入水中银的创业团队充当义工。杜伟樑在正式入股水中银之前，更是花了9个月时间做尽职审查，最终成为水中银的一个股东。

　　成为水中银股东之后，杜伟樑有了一个便利的条件，那就是可以经常送检一些日常用品。杜伟樑的家庭一直对饮食安全十分注意，特别怕吃到含有毒素的食物，他常常把家里的护肤品、食物等送到实验室去检测。他对这项技术了解得越来越深入，感觉到这是全世界的人都需要的一项领先科

水中银首席执行官杜伟樑先生

技。雌激素内分泌干扰物（包括农药、兽药、抗生素、激素、塑化剂、有机持续污染物等）扰乱雌激素内分泌系统，已证实与癌症、不育、儿童性早熟、智商降低、神经系统紊乱、糖尿病有关。鉴于类雌激素给环境和人类带来的不良影响，选用生长速度快、灵敏度高、非常经济、可适用于淡水和海水的鲭鳉鱼作为模式生物，水中银独家拥有应用转基因鲭鳉鱼胚胎雌激素内分泌干扰物的专利技术，能有效检测出产品中所含的类雌激素。目前，鲭鳉鱼已被国际生命科学学会（ILSI）的健康和环境科学研究所（HESI）采纳为胚胎毒性的模式生物。

无论是绿色荧光蛋白技术，还是转基因鱼胚胎检测技术，虽然能极大

2014 年水中银获得香港工商业奖科技成就奖

地推动科研的进步，但在科技成果商业化的路上，却是一个漫长的过程。

杜伟樑承担的都是给企业"救火"的重大责任。从 2011 年到 2014 年，水中银由于商务推广做得不够好，发生了 3 次现金流危机，而每次都是杜伟樑出资使公司化险为夷，就这样他从小股东逐渐成为大股东；2014 年年底，水中银完成了 A 轮融资后，他停下了手上其他的项目，亲自出任水中银公司总经理。

"在香港从事生物科技极烧钱，创办人早年'为科研做科研'，过度聚焦 Non-commercial（非商业）项目，他们低估了公司的'烧钱'程度，研发花钱实在太多，即使政府提供一些科研资助，但没有商业化途径而一味依赖政府，肯定不是长久之计。当时产品的市场接受程度比预期要低，加上主要客户拖欠款项，最终整家公司陷入财务危机。最严重的一次，公司管理层有 6 个月没有领工资，濒临破产边缘。"杜伟樑多次对水中银增加投资金额，身边的亲友也纷纷反对，因为在香港做高科技创业缺乏氛围和土壤，大家都不看好这个项目。

杜伟樑为何三番五次增加投资额呢？他认为，水中银的价值并非单纯旨在售卖产品，而是售卖科技，并且能够在香港社会体现其自身价值，也许这个商业推广过程是漫长的，但价值却是真实存在的。"我看重的并非当时的价值，而是未来的价值，因为消费者对食品安全十分渴求。我期望运用生物科技，在源头改善配方，从而让消费者做正确选择。我认为这是一项有意义的事业，即使投入很多金钱和精力，也是值得的。"

水中银公司通过天使投资者及香港特区政府"小型企业研究资助计划"提供的资金成立，并参加科技园公司的"生物科技创业培育计划"，最后成功将香港城市大学的科研成果商品化，更取得了创投资金的支持。

杜伟樑介绍了在2014年水中银成功引入了一笔新的投资的经历。当时，英国《经济学人》第一次到香港举办创业比赛，香港科技园推荐生物技术新锐企业水中银参赛。在比赛过程中，一位来自硅谷创投机构的负责人对水中银的技术颇感兴趣，就邀请杜伟樑、陈子翔和首席技术官陈雪平博士参加早餐会议，当场就达成了投资意向。

"我觉得水中银是幸运的，总是在最艰难的时候能遇到贵人化险为夷。投资水中银的人都是有情怀的，他们对人类的生存问题很关注。一想到环境中的内分泌干扰物会对人类造成的巨大伤害，我就不能停止奋斗的脚步，希望更多的人了解这些常识，希望能用最先进的生物技术服务更多的人。"杜伟樑手中拿着一本名为《不想祸延三代，你该知道的环境荷尔蒙》的书，是他执笔花了4年多时间完成的，这是他为了教育民众而写下的有关内分泌干扰物各种危害的专著。

勇摘日内瓦国际发明专利大奖

水中银（国际）生物科技有限公司于2015年4月夺得第43届日内瓦国际发明展最高荣誉大奖——评审团嘉许金奖，向全世界展示了香港创新及科技发展的能力和潜力。

日内瓦国际发明展创办于1973年，是世界上举办历史最长、规模最大的发明展之一。第43届展览有来自48个国家和地区的超过750名发明家参加，共展出超过1000项发明，吸引超过5.8万人次入场。

水中银（国际）生物科技有限公司的生物测毒技术发明获得发明展最高荣誉大奖，获奖理由是该技术为全球独家首创的"转基因鲭鳉鱼"及"斑马鱼"胚胎毒理测试技术，通过模拟人类药物新陈代谢的活动，预测样品对斑马鱼及人类的毒性范围，可在48至72小时内快速筛选1000种有害物质，可应用于食物、药品、化妆护肤品及水质测试等领域。

　　获奖之后，水中银迅速在香港打响了知名度，媒体纷纷报道。与鱼胚胎打了10多年交道的陈雪平博士说，很多人问她为何会想到用鱼胚胎做测毒的工具。其实，早在2005年，陈雪平在香港城市大学海洋污染国家重点实验室攻读博士学位，郑淑娴教授正在带领团队用斑马鱼和转基因鳉

2018年水中银主要负责人和嘉宾参加水中银高峰论坛合影

鳉鱼胚胎对海洋环境中的雌激素内分泌干扰物做检测。郑教授表示，斑马鱼个体小，成鱼大概 3 厘米，可以节省饲养和测试空间；斑马鱼体外受精，体外发育，不受母体影响，便于测试；斑马鱼于胚胎时期不需要进食，依靠卵黄提供发育所需的能量，避免了喂食对测试造成的干扰；斑马鱼发育速度快，从受精卵到孵化变成小鱼只需要 3 天时间，到成鱼只需 3～4 个月时间，大大节约饲养成本及测试时间；斑马鱼胚胎通体透明，在显微镜下各器官组织清晰可见，便于毒理反应观察；斑马鱼繁殖力强，一对斑马

水中银获"中东全球发明大会"金奖

鱼一周可产 200 ～ 300 粒鱼卵，确保科学数据统计的准确性，且使得高通量测试成为可能。而且按照《欧盟动物保护法》，鱼胚胎不属于动物，被国际科学家大力推荐用于替代动物测试。

斑马鱼胚胎主要用于急性毒测试。美国国立卫生研究院研究结果指出，斑马鱼和人类致病相关基因拥有高达 84% 的相似度，且已证明能够筛选超过 1000 种有毒化学品，已经被广泛应用于药品的安全性与功效评估。因此，对斑马鱼胚胎有害的物质，对人类也极有可能有害。当遇到有害物质，鱼胚胎会出现异常，如头部或尾部出现肿瘤、心脏水肿，严重情况下鱼胚胎直接死亡。将样本进行前处理后，科研人员会用斑马鱼胚胎进行测试，以找出导致一半测试斑马鱼胚胎死亡的浓度。

杜伟樑称，在国际上鱼胚胎被普遍用于药物筛查和检测，但将鱼胚胎用于对日常消费品的毒性测试，是水中银开的先河。具有独创意义的是，水中银的鲭鳉鱼胚胎慢性毒物测试，应用了获得 2008 年诺贝尔奖的绿色荧光蛋白（GFP）技术。水中银将绿色荧光蛋白基因转入鲭鳉鱼胚胎中，进行超过 10 代的繁殖和维护。"我们将增强型绿色荧光蛋白（EGFP）基因对鲭鳉鱼中的卵壳内膜蛋白（choriogenin H）基因进行标记。卵壳内膜蛋白基因是对慢性毒（类雌激素）物质高度敏感的一个基因，当检测到类雌激素这一大类慢性毒物质时，该基因就会表达，且表达量和该类物质浓度呈正相关。应用获得诺贝尔奖的绿色荧光蛋白进行标记的目的是使该基因的表达变得活体可视化及可量化。"

水中银喜获南丰领投 B 轮融资

在日内瓦国际发明展上一炮走红的水中银，吸引到投资巨头的目光。2015 年年底，水中银成功获得南丰集团领投的 B 轮融资。

南丰集团董事长梁锦松表示，社会越来越关注生活健康及食品安全问题，水中银独家首创的毒理测试技术，可以检测超过 1000 种有害物质，有助于企业及相关执法机构加强品质监控及提升安全标准。他称，南丰集团看中水中银具有创新理念，希望利用集团丰富的商业管理经验及人脉关系，协助水中银与政经机构接轨，期望将其打造成香港生物科技创业界的独角兽，公司目标估值逾 10 亿美元。

杜伟樑表示，公司的服务对象包括国内外多家领先的检测中心、政府机构及大型商业集团，这是香港研发的技术成果被顶尖科研与商业机构采纳并逐渐发展成为国际标准的经典案例，也将助力香港进一步发展科创产业，为创业者提供更好的创业环境。水中银将通过这项在香港研发出的生物科技进军国际市场，制定出更高的产品安全标准。杜伟樑透露，水中银将利用新筹集的资金进行技术研发、扩展团队及拓展海外市场，公司于 2016 年以授权模式进军欧洲等地，全面推广生物科技检测平台，为食品及化妆品等多个领域的产品安全测试制定更高标准。

杜伟樑称："南丰集团入股水中银的两年多时间，给予水中银大量人脉资源，帮助公司处理好知识产权问题。水中银成立后，须解决涉及商标和发明专利等的知识产权问题。在南丰集团入股之前，水中银并没有花很多钱在知识产权保护上，南丰集团入股之后，要求把专门的资金用于知识产权保护。南丰集团有不少海外法律人员的人脉，协助公司解决知识产权的问题。我们聘请的美国知识产权律师费用十分昂贵，每小时需要 2500 美元，但他们提供的知识产权服务极其专业，我也逐渐认识到知识产权保护工作应该攻守兼备，这是一家优秀的高科技公司必须拥有的'护城河'。"

在杜伟樑眼里，南丰集团的掌舵人梁锦松亦师亦友："梁锦松是我的人生导师，我们在一起会聊人生和信仰，后来他投资了水中银，期望与我们

（左）水中银首席执行官杜伟樑先生，（中）水中银首席技术官兼欧盟及英国注册毒理学家陈雪平博士，
（右）水中银创办人及首席商务官陈子翔先生

同行，一同做公益的事。梁锦松教导我，要'行公益、好怜悯、存谦卑之心'，在行公益之余亦要有智慧，且任何时候都要保持谦卑。"

推出全球首个"小鱼亲测"消费品安全信息平台

杜伟樑身边的亲戚朋友经常委托他用鱼胚胎测毒技术检测消费品。颇有经营头脑的杜伟樑想，这说明每个注重品质的人都十分关心日常用品是

"小鱼亲测"展示检测的即溶咖啡样本

否安全无毒，那么怎样才能把鱼胚胎测毒结果广而告之？与互联网结合无疑是最好的推广渠道。

2017 年 5 月，水中银宣布推出全球首个以生物测试技术 Testing 2.0 做产品检测的消费品安全信息平台——小鱼亲测。将日渐普及的鱼胚胎测毒技术应用于检测消费品上，借此提高市面产品安全的透明度，让大众通过客观的科学检测数据做出更安全的购买选择。

杜伟樑表示："符合传统 1.0 测试方法及法规是消费品进入市场的最基本要求。'小鱼亲测'以消费者身份，定期在大型超级市场、连锁店、网上货架抽样购买不同类型的食品和日常用品，以生物测试技术 Testing 2.0 进行检测，把产品检测的安全属性分为三类结果：绿鱼、黄鱼、红鱼，让消费者易于识别产品的安全属性。"

"小鱼亲测"参考欧盟、世界卫生组织、经济合作与发展组织，以及多个国家如美国、日本及中国的国际安全标准，进行同类产品的横向比较：绿鱼代表"品质卓越"，产品于急性、慢性毒物检测及禁用成分筛查中表现理想，消费者可以安心选购；黄鱼代表"基本合格"，产品于急性、慢性毒物检测及禁用成分筛查中表现基本合格，消费者选购时需要审慎；红鱼代表"有待改善"，产品于急性、慢性毒物检测及禁用成分筛查中存在一项或多项未达标准，消费者购买时需要特别谨慎。

杜伟樑表示："'小鱼亲测'的营运理念是在表扬质量卓越的企业及产品的同时，鼓励未达标的企业及品牌积极改善其生产过程，让消费者更放心选购，并帮助品牌建立长远效益。'小鱼亲测'目前处于第一阶段，未来会向消费者公布所有绿鱼的上榜产品，并积极与黄鱼及红鱼的产品供应商与生产商联系并商讨改善方案。"

水中银每月针对不同类别产品进行测试，包括咖啡、雪糕、牛奶、酸奶、面霜、面膜、口红、润唇膏、粉底、牙膏、婴儿食品及婴儿护肤品、食用油等，并把结果发布于"小鱼亲测"平台。经过两年多的尝试，"小鱼亲测"吸引了上百万的粉丝，每一期的《小鱼报告》都被媒体争相报道，在粤港澳大湾区渐渐产生了影响力。

2018年6月底，普华永道（香港）与水中银（国际）生物科技有限公司与"小鱼亲测"签署投资协议。这是普华永道在生物科技及互联网平台领域的首个计划投资，以应对食品安全为大中华区乃至世界各地带来的新挑战。

至此，水中银已获得包括美商中经合集团、英诺资本、香港城市大学基金、香江集团、六合控股集团、布里奇菲尔德全球有限公司（Bridgefield Global Limited）、巴巴鲁巴工业集团（Babaluba Industries Group）、普华永道及多个投资银行家的资本注入。

在杜伟樑看来，南丰集团更多是给水中银公司带来了知识产权保护的战略价值，而普华永道的背书能够提高水中银的公信力和知名度，并有望借助普华永道的审计客户平台进一步推广公司技术。杜伟樑坦言："我们是一个生物科技公司，跟市民大众、客户有点距离。因为我们一直搞技术，要传播出去就需要有合作伙伴，食品、化妆品、保健品、母婴用品等消费品行业是水中银率先针对的领域。"

杜伟樑用一尾小鱼搅动消费品安全市场，虽然让很多消费者可以安心地购买到绿鱼产品，从而提高了幸福指数，但是一些不法商家却对水中银很忌惮。"香港有很多外国品牌的代理商，即使出现在'红鱼'的榜单上，也没办法修改配方以提高产品品质，现在他们如果在'绿鱼榜单'没有看到自己的产品，就会感觉不爽。"杜伟樑无可奈何地摇摇头。最令他兴奋的是，内地一些快消品商家非常重视品质的提升，已经从与水中银的合作中得到了实惠，这让水中银的社会价值真正得到了发挥。

杜伟樑很支持粤港澳大湾区的建设，他表示目前水中银在广州已经设立了分支机构，来自内地市场的销售业绩占到公司总收入的70%；未来，水中银立足于粤港澳大湾区向内地扩展，内地市场肯定还有巨大的增长空

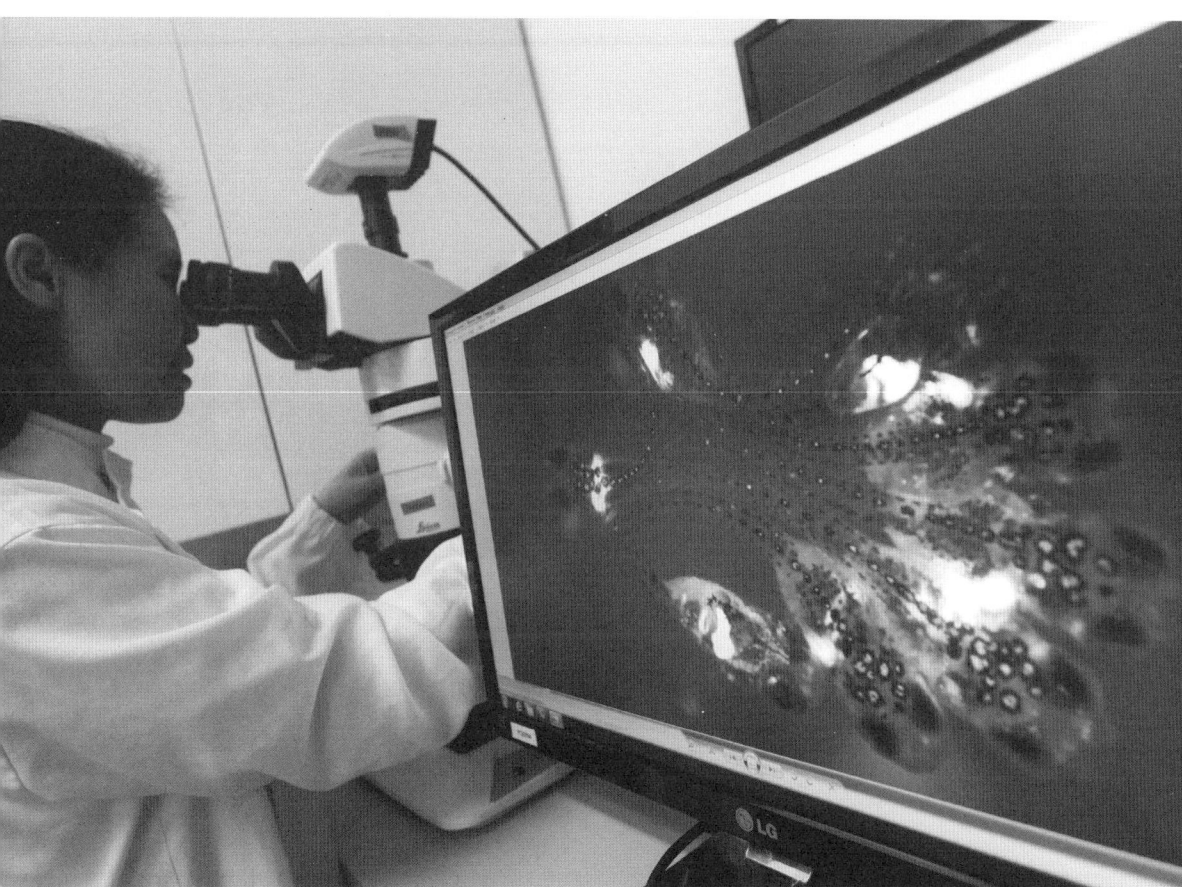

水中银首席技术官兼欧盟及英国注册毒理学家陈雪平博士演示转基因鲭鳉鱼胚胎慢性毒物检测，当鱼胚胎遇到检测样本慢性有毒物质时，肝脏会发出绿色荧光，以光度将有害物质能量化

间。水中银可以帮助更多中国企业实现产品品质提升，再到国际品牌的塑造，打通这条双赢之路一定是非常有意义的。

【专家眺望】
高品质生活需要第三方检测

奶粉有"三聚氰胺事件"，食用油有"地沟油事件"，海鲜产品有"孔雀绿"，大米有"毒镉米事件"……这些食品安全事件让人们在购买食品和快消品的时候胆战心惊，怕买到含有致癌物质的有毒产品。

食品安全关系着国计民生，是全球普遍关注的问题，食品安全事件的屡见不鲜引发了世界各国的密切关注。企业、政府和服务机构都有共同的责任建立人们对食品行业的信心，高品质生活需要第三方检测。作为第三方检测平台，水中银（国际）生物科技有限公司的技术与标准来自经验丰富的科研团队、毒理学专家以及 12 个国家的科学顾问团，参考中国、欧盟、美国、日本、世卫组织及 OECD（经济合作与发展组织）等成分检测标准，结合领先的生物测试技术——鱼胚胎毒理检测技术，检测食品和日常用品安全，其检测结果是更高标准的安全指引。

从一份食用油的《小鱼报告》说起

2017 年 6 月，"小鱼亲测"公布了对 115 款来自意大利、美国等国家和来自内地与香港的食用油的检测结果。结果显示，49 款样本测试结果为绿鱼、23 款样本为黄鱼、43 款样本为红鱼。在样本产地表现中，欧洲地区表现差，57% 为红鱼，26% 为绿鱼；亚洲地区较其他地区更佳，以香港为例，约 20% 为红鱼，50% 以上达绿鱼级别。另外，据检测结果所得，价格昂贵的食用油并不代表更安全。价格高于 130 港元 / 升的 40 个样本中，仅 6 款绿鱼，红鱼则多达 29 款；50～130 港元 / 升的 31 个样本中，13 款为绿鱼，10 款为红鱼；低于 50 港元 / 升的 44 个样本中，30 款为绿鱼，4 款为红鱼。

这份《小鱼报告》背后有一段针对食用油品质检测的台、港、深三地联合攻关的故事。

2014 年发生的一起劣质油事件直接影响到香港 1000 多家餐厅的生意。台湾强冠从香港引入工业用猪油，再经过脱臭、脱酸、脱色等工艺处理后变成食用油返销香港。为了帮助消费者辨别质量可靠的食用油，水中银获政府及企业多方建议与支持，建立了斑马鱼胚胎测试技术来辨别食用油品质。

水中银联合创始人、首席技术官陈雪平博士介绍，这项研究得到了多方的参与和支持：香港创新科技署给予经费支持，台湾食品工业发展研究所提供样品支持及化学分析支持，深圳市疾控中心提供样品支持，某食用油生产企业提供样品支持及行业知识分享，香港大学给予技术与结果分析支持，鲁汶大学参与鱼胚胎测试方法比较。卡罗琳医学院对台湾食品工业发展研究所找到的高毒性猪油和花生油样品中的独特化学成分进行计算机模型分析，发现劣质猪油中含有的独特化学成分为长链脂肪酸氧化物，而劣质花生油中含有的独特化学成分为杀虫剂衍生物，两者都具有线粒体毒性，会导致生物体不能生产 ATP（adenosine triphosphate 的缩写，中文称作"三磷酸腺苷"或者"腺嘌呤核苷三磷酸"）而导致能量衰竭死亡。水中银统筹整个项目并邀请多方参与，对样品前处理及鱼胚胎测试方法进行系统比较研究。

"我们总共测试的食用油样品数已经超过 500 个。水中银已经帮助多家食用油生产商发现问题，提升品质。该斑马鱼胚胎毒性测试技术是目前世界上唯一能够有效辨别食用油品质，给出直观有效的生物毒理学数据的技术。为此，台湾食品工业发展研究所还特地给水中银颁发了嘉许函。"陈雪平自豪地说。

台湾食品工业发展研究所产品及制程研发中心主任在这份嘉许函里称："在 2014 年的劣质油事件中，多个政府部门对可能受污染的食物和猪油样本进行常规测试，可能较为耗时且不易快速判别出劣质油品。本中心曾取得市面一批已知样品，提供给贵公司进行盲测，结果显示贵公司的斑马鱼胚胎急性毒性测试结果和油样品资讯吻合性高，能有效鉴别出劣质油品。本中心其后对贵公司鉴别出的高、中和低毒性油品进行非标的化学分析，发现高毒性油品含有一些独特的化学成分，其中的一些独特成分已被科学证明会对人体造成不良反应。这些科学数据都佐证了贵公司测试方法的可靠性。"

正如陈雪平博士所言，符合传统的化学测试技术和基本法规，只是商品进入市场的最基本要求。"小鱼亲测"要做的，是通过领先的生物测试技术，通过同类商品的横向比较，为消费者选出更安全和优质的产品。"小鱼亲测"使用的是生物测试方法，有别于目前应用的法律法规要求的传统化学测试逐一测试化学实验品。水中银研究人员将测试样品作为一个整体去测试，并反映样品的整体毒性。

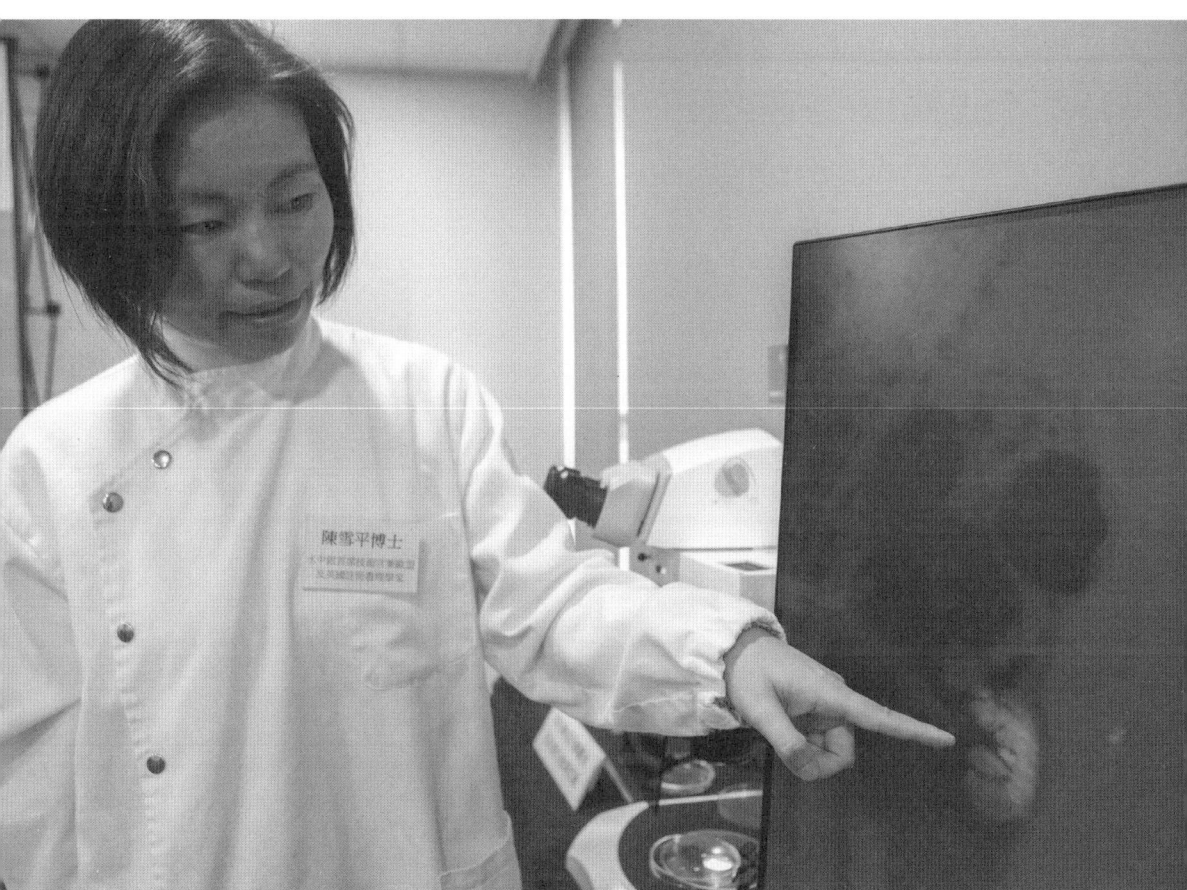

水中银首席技术官兼欧盟及英国注册毒理学家陈雪平博士讲解转基因鳉鳉鱼胚胎慢性毒物检测，当鱼胚胎遇到检测样本慢性有毒物质时，肝脏会发出绿色荧光

类雌激素成人类第三代环境污染物

许多过去被认为是安全的化学制品与原料，现被科学家定义为"类雌激素干扰物"，会引发人类各种疾病，如癌症、生殖能力下降、神经系统紊乱、儿童性早熟、糖尿病等。当这些化学物质进入生态系统，它们会引起物种畸形，不育甚至绝种。

多个国际组织与学者认为："继温室效应和臭氧层破坏后，环境内分泌干扰物已成为另一个严重的全球环境污染问题，属第三代环境污染物。"根据欧盟报道，这类污染物给欧盟造成的健康问题和不孕不育问题的医疗成本每年达到 1630 亿欧元。世界卫生组织、联合国和美国环保局表示，类雌激素已成为继温室效应和臭氧层破坏之后的第三大严重威胁人类、生物多样性和生态系统的污染物。

常规的化学测试方法虽然灵敏、精确，但是所需时间长、成本高且知识不完善，只能检测出某一项或某几项化学成分。对于未受关注、不在检测目标范围内的有毒物质（如出现丑闻后才开始检测的三聚氰胺、塑化剂）却通常无法检验，也无法对样本进行整体毒性评价。

20 世纪 60 年代，美国女性一生中乳腺癌的发生概率仅为 1/20，而到 20 世纪 90 年代却上升为 1/8；近 50 年来男性的睾丸癌发生率增加了 3 倍，前列腺癌发生率增加了 2 倍。大量调查资料表明环境中存在多种能模拟和干扰动物及人类内分泌功能的物质。这些外源性化学物质进入机体后，干扰体内内分泌物质的合成、释放、运输和代谢等过程，并且能够启动或抑制内分泌系统的功能，从而破坏机体内环境的稳定，导致或加速自身免疫性疾病的发生。

根据世界卫生组织、联合国和美国环保局的数据显示，全世界大约有10万种商用化学品，现在越来越多的化学品被称为内分泌干扰物（EDCs），意思是它们不再被认为是安全的。许多已知或未知的内分泌干扰物，包括有机氯农药、二噁英类多氯联苯（PCBs）、双酚A（BPA）、苯乙烯、邻苯二甲酸盐、有机锡和壬基酚（NP），被用作生长激素和杀虫剂、食品添加剂和防腐剂、纺织品中的染料，它们可以进入食物链、个人护理产品和自然环境。例如，内分泌干扰物通常存在于化妆品、肥皂、除臭剂、牙膏、剃须膏、漱口水以及清洁用品中。它们也存在于我们的服装、电子产品和消费品中。这些化学品可引起癌症、不孕不育、性早熟、肥胖、神经和发育问题、免疫问题以及增加流产的可能性。

陈雪平博士表示，过去10多年的研究发现表明，很多化学品混合在一起的时候往往会有出乎意料的混合效应，而市场出售的个别食品和护肤化妆品的雌激素活性可达到值得被密切关注的程度。尽管近年来科学家已经认识到研究混合物毒性的重要性，但现有的官方检测技术还处于单独化学品测试标准，虽可确证所测试化学品合于法规，却不能确保产品的安全。

用先进生物检测技术进军全球市场

如今，水中银以国际领先的生物技术为核心，已为全球超过100家机构提供"从品质到品牌提升"的战略升级服务，其中包括政府部门、大型国际护肤化妆品集团、保健品集团、餐饮集团、科研机构、NGO（非政府组织）等。相关技术在这些集团与政府的支持下正在发展成团体、区域、国家与国际标准，正受到越来越多的关注与应用。

杜伟樑表示，随着癌症发生率的不断上升，以及人类生育力的显著下降，全球对内分泌干扰物污染的关注越来越多，而内分泌干扰物就广泛存在于我们身边的日常快消品中，所以对快消品的智慧检测特别有必要，每个消费者都应该有责任去了解一些消费品的安全常识，不要轻信商业广告而不看成分标识。"全球有超过 10 万种商用化学品，并且每年以推出几千种新品的速度增长，要证实一种化学品是内分泌干扰物可能需要几年甚至十几年的研究，累积足够的科学数据后，还需要克服化工利益集团的抗议，才有机会立法监管，所以法规存在严重的滞后性，我们现有的法规所检测覆盖的化学物质具有很大的局限性。政府法规一旦生效，不法商家即刻使用功能相似、安全性未知的化学品替代。水中银利用鱼的胚胎进行毒性测试，务求让食品生产商和供应商确保其产品不含有害的化学物质，协助消费者做出更好的消费决定。每一份《小鱼报告》的目的是给用户提供更多的资讯和洞察，让他们了解到测试结果，选择放心的产品，毋庸置疑的是，这个检测技术是全球每个国家和地区的人们都需要的。"

水中银在国内市场上已经走得很顺，不仅和 CCIC（中国检验认证集团）达成了深层战略合作协议，CCIC 会将水中银标准变成自愿性标准，并推广至 CCIC 全国分布；而且，水中银已经和广东毒理学会及南方医科大学建立合作，建立鱼胚胎测试的团体标准。同时，水中银的鱼胚胎测试技术已经在深圳立项成为乳制品的测试技术标准，深圳市消费者委员会已采用水中银鱼胚胎测试技术对市场上的产品进行比较试验并公布测试结果。2018 年 9 月，在一个生物科技研讨会上，深圳质量消费研究院国际部兼测评二部总监封梅介绍，目前国内产品的检测和监督抽查是依据现有的标准检查产品是否合格，符合传统法规和理化指标只是 60 分，而深圳市质量消费研究院要做的是，站在消费者立场上，整合国际专业检测机构，因地制宜地对商品进行主观和客观测评，是在合格的产品中按照国际一流的标准用科学的比较方法，帮消费者找出那些 90 分以上的商品，让大家放心消费，高质量地生活。她表示，水中银的鱼胚胎生物检测技术，能够更

（左）水中银创办人及首席商务官陈子翔先生，（中）水中银首席技术官兼欧盟及英国注册毒理学家陈雪平博士，（右）水中银首席执行官杜伟樑先生，推荐 25 款通过鱼胚胎毒性测试及成分筛查的面膜

直观地反映产品的生物安全毒性，为了追求更安全的产品，未来会将鱼胚胎生物毒性检测应用到更多领域产品的比较实验中去，除了要在 2018 年 9 月发布儿童防晒霜榜单外，之后会将该技术用到更多的产品，如护肤化妆品、口腔用品、母婴用品、婴儿辅食、乳制品等，为大家提供更安心的选择指导。

杜伟樑透露，在国内市场，水中银更多是携手质检部门、消委会等机构，而未来，水中银要走出去。到北美市场发展的策略并不相同，水中银除了已经在和国际性标准制定机构一同建立鱼胚胎测试标准，它还要用 APP 的形式，让北美用户在选购商品的时候扫描一下二维码，就可以知道该商品是否属于绿鱼产品，如果不是，APP 会推荐同类的绿鱼产品。"在北美地区，消费者对付费资讯已经普遍接受了，所以要把 APP 产品率先在北美地区推广应用。"

从制定国际标准到助力品牌提升

水中银拥有全亚洲首间独家通过 ISO/IEC17025:2005 的测试实验室，测试方法获香港实验所认可计划及香港质量保证局白金认证。测试结果在全球超过 100 个国家与经济体受官方认可。水中银实验室测试由国际毒理学权威 EUROTOX 认可的注册欧洲毒理学家（ERT）负责日常运营，确保测试质量。

据金融数据服务商 IHS Markit 预测，到 2020 年全球第三方检测行业的潜在市场规模最大的三个地区依次为中国、欧洲、美国。杜伟樑介绍，传统的消费品安全测试成就了由欧美机构主导的第三方检测认证格局，水中银这家中国企业勇当国际标准的制定者。新兴的生物测试 2.0 技术，加上互联网平台，正让水中银朝着"生物科技＋互联网平台"的高成长性企业方向奔跑。

水中银这一技术已经获得众多企业和机构的认可，欧莱雅、妮维雅、碧柔、鹿啄泉、君乐宝、翠华集团等 100 多家企业和机构成为水中银的大客户。水中银已经和国际顶级化妆品公司欧莱雅进行战略合作，帮助欧莱雅完成排除"类雌激素"的集团战略。水中银采用生物检测技术评估化妆品原料安全性，针对欧莱雅旗下化妆品配方进行检测评估与配方改进，对欧莱雅市面上的成品进行全方位毒性检测，进而建立原料数据库，有效提升欧莱雅的产品质量。国内奶业巨头君乐宝率先使用水中银的鱼胚胎毒理检测技术，为其奶粉产品做质量把关。通过崭新的生物检测获得科学数据，君乐宝奶粉品质卓越，更获央视点赞，入选"国家品牌计划"，并实现了销售额从 40 亿元到 100 亿元的大幅增长。

2019 年 4 月 23 日，在广东省药品监督管理局的支持下，广东省化妆品质量管理协会联合水中银（国际）生物科技有限公司，在广州白云国际会议中心举办了"粤港澳化妆品安全技术协同创新论坛暨测评创新中心启动仪式"。广东省化妆品质量管理协会秘书长杜洪表示："在美丽经济时代下，安全是所有'0'前面的'1'，没有了'1'，所有'0'都失去意义，全行业携手构建安全新生态刻不容缓。一直以来，广东省化妆品质量管理协会都在品质把控的横向维度上，通过人才培训、法规普及、信息化管理等手段，为化妆品企业质量建设提供驱动力。此次携手水中银和小鱼亲测，是想通过顶尖的科研技术，从纵向深度构筑产品安全体系，从而让行业的品质把控更加完整。"

　　过去几十年，全球的消费市场一直只关注于提升产品的功能效果，再加上美丽的名人明星代言和电脑特效无限放大功能，消费者只需要掏腰包把商品买回家，而今天越来越多的消费者开始觉醒起来，主动去了解商品广告背后未被提及的另一面，是否含有类雌激素等内分泌干扰物，是否危及我们的身体健康。水中银恰恰为我们提供了一个先进的生物检测武器，可以帮助我们做到安全消费，放心购买。如果，千千万万的人都关注到身边潜在的毒物，都积极行动起来，不让潜在毒物夺走我们的未来，那么这个星球的明天一定会变得更加美好。

02 北科生物：
打造中国细胞制造品牌

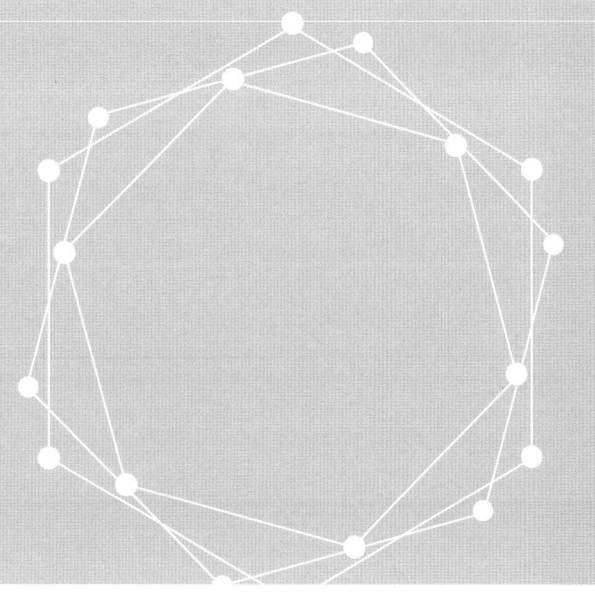

粤港澳大湾区
战略性新兴
产业研究

北科生物

深圳市北科生物科技有限公司（以下简称"北科生物"）创建于2005年7月，是我国最早专业从事个体化细胞治疗技术临床转化的国家级高新技术企业。公司现有员工500多名，35%以上为技术研发人员；目前已发展成为专注于促进细胞治疗技术临床转化的领军企业，在深圳、江苏、河北、河南、江西、贵州等省市及香港等地区设立了全资或控股子公司。

北科生物拥有领域内较强的研发团队，目前已在生物医疗领域申请了相关专利46项，其中28项获得授权；承担包括国家高技术研究发展计划（863计划）、火炬计划项目等国家、省市各级科研项目66项，在*Cell Stem Cell*等杂志发表论文百余篇。2015年12月，国家发展改革委立项批准由北科生物承担建设"个体化细胞治疗技术国家地方联合工程实验室"，该实验室是我国首个推动个体化细胞治疗技术临床转化的国家级技术开发及转化平台。

北科生物曾与国内外近百家科研及医疗机构开展细胞治疗技术临床研究合作，公布了第一个人脐血干细胞治疗神经退行性疾病的安全性评价数据；第一项用脐血单个核细胞治疗视神经发育不全的有效性数据；第一项应用人脐带来源间充质干细胞救治难治性系统性红斑狼疮的有效性数据。为1万多例、8万多人次难治性疾病患者的细胞治疗提供标准化、可回溯的个体化细胞制备技术服务，包括来自美国、加拿大、英国、日本等70多个国家和地区的患者，良好的细胞制备质量管理体系以及显著的临床效果获得国际同行认可。

【创业历程】
胡祥：中国细胞治疗领域的领航者

2019 年 6 月 6 日，深圳市北科生物科技有限公司创始人、董事长胡祥接受采访时的第一句话是："昨天，北科生物再次通过了 AABB[1] 国际认证复审现场审查。经过 3 天的严格审查，AABB 认证官弗朗西斯·艾夫斯特对北科生物的细胞制备及储存工作给予了高度的评价，认为 4 项产品的制备、运输、检测等环节符合现行版 AABB 细胞产品标准，再次通过现场审核。北科生物运营的深圳综合细胞库的 4 项自体细胞——人脐带来源间充质干细胞、人脐血来源造血干细胞、人胎盘来源间充质干细胞、人外周血免疫细胞，储存应用技术质量管理体系通过 AABB 认证，北科生物是全球唯一一家 4 项产品同时通过 AABB 认证的企业。"

作为中国细胞治疗领域的领航者，北科生物创始人、董事长胡祥曾带领北科生物实现了多个"第一"：中国大陆第一家通过 AABB 认证的单位；

1　AABB: Advancing Transfusion and Cellular Therapies Worldwide，简称 AABB，原称美国血库协会，2005 年更名为全球领先的输血和细胞治疗技术联盟，创立于 1947 年，是由从事输血及细胞治疗的行业人士和机构组成的非营利性国际认证组织，是国际血液和细胞治疗行业规范的制定者和行业认证的权威机构。

北科生物董事长胡祥

世界上首家人脐带来源间充质干细胞通过 AABB 认证的单位；中国第一家获得国际细胞治疗协会（ISCT）认可的会员单位；中国细胞治疗领域第一家通过 ISO9001、ISO14001、OHSAS18001 体系认证的企业；国家发展改革委批准北科生物承担建设"个体化细胞治疗技术国家地方联合工程实验室"，这是我国首个国家级的推动个体化细胞治疗技术临床转化平台。

胡祥博士于 2018 年获评为"改革开放 40 年影响中国的深商领袖"，担任联合国儿童基金会国际顾问委员会委员、中国战略与管理研究会副理事长等社会职务。

在过去近 20 年的时间里，他是如何实现从一名海归博士到成功企业家的转变的？他又是如何一步一步践行他所说的"企业家使命"的？

开启细胞治疗的新一轮创业

胡祥拥有瑞典哥德堡大学及查尔姆斯理工大学生物化学及分子生物学博士学位，曾在加拿大不列颠哥伦比亚大学生物化学及分子生物学系做博士后研究。

2004 年，胡祥为在细胞治疗领域的创业做准备。为何要选择细胞治疗作为创业方向呢？国际上公认，干细胞是 21 世纪生物医疗技术的核心领域，是各个国家要抢占的战略阵地，甚至是应对 21 世纪经济危机的重要手段。有资料说，到 2020 年，成体细胞疗法的销售总额会达到 4000 亿美元。在胡祥看来，这是一个发展前景巨大的朝阳产业。

2005 年，北科生物在深圳南山区诞生了，它的名字就是这么来的："北"是北京大学，"科"是香港科技大学，深港产学研基地成为这家公司的股东之一。北科生物通过与医疗机构合作共建的形式向临床提供临床级的脐带间充质干细胞，迅速建立了个体化干细胞技术的临床转化网络，并创造了诸多堪称医学奇迹的临床疗效，也开启了中国干细胞技术的临床转化。

彼时，美国正处于"干细胞研究的艰难期"——时任美国总统小布什在任期内全面禁止了联邦资金对胚胎干细胞的研究，使得干细胞研究与临床转化在国际上都受到不同程度的负面影响。

由于美国干细胞研究和临床方面的限制，中国在临床和产业化方面取得的进展略占先机，而北科生物在产业化方面更是拔得头筹。据介绍，采用北科生物干细胞治疗的病人有 6000 多例，其中慕名专程从美国、加拿大、英国、匈牙利等 70 多个国家赶来治疗的患者达 1000 多名。干细胞治疗涉及多种疾病，包括多发性硬化、肌营养不良、孤独症、系统性红斑狼疮、脑瘫、小脑萎缩等。

在 2009 年之前，海外媒体对北科生物这家中国干细胞技术创新公司的赞扬无不溢于言表：美国《商业周刊》英文版如此评价，"北科——中国年轻的企业，轰动世界……寻找干细胞科技的前沿？不在剑桥，不在斯坦福，也不在新加坡，而在中国深圳"；英国《泰晤士报》列举的"挑战西方的十家中国企业"中，专门提到了北科生物的干细胞技术及其临床转化对未来产业世界格局的影响。

6 岁的美国天生盲童 Rylee Barlett 接受了北科生物提供的细胞治疗后

6 岁盲童经过细胞治疗，重见光明。这是她从镜子中首次看见自己

重见光明。美国 NBC 电视台报道称："美国 6 岁盲童重见光明，医学奇迹来自中国。"

当时北科生物的发展也呈现出一片欣欣向荣的快速发展景象。成立不到 3 年，已形成了国际化的干细胞临床转化网络，在亚洲、欧洲等地区设立分公司，建设干细胞技术临床转化医学中心，并收购日本濒临破产的从事脂肪干细胞研发转化的生物公司，积累起大量的成体干细胞技术临床转化的安全性、有效性数据。公司的财务报表亦是非常漂亮，2008 年，与北科生物合作的医院达到 50 家，年收入 5000 万元；2010 年年收入超过 2 亿元。

漫漫创新路，束缚我们的是我们对新技术的接受力

胡祥回忆道："那时的北科生物从事的干细胞研究属前沿科技，走到了世界干细胞舞台的中心，受到风险资本和国际同行的追捧。后来获 FDA（美国食品和药品管理局）批复进入临床研究的美国胚胎干细胞公司、资本市场估值 200 亿美元的澳大利亚成体干细胞公司以及世界知名药厂的研发总监，都纷纷登门请教干细胞技术如何实现临床转化，当时的北科生物可谓是炙手可热。"

趁着大好的发展环境与时机，北科生物开始着手产业链的布局。2008 年，在江苏泰州中国医药城投资建设了世界首个区域细胞制备中心，拟向 4 个小时车程内的医疗机构和科研机构提供"按需制备"的细胞制品。

正在快马加鞭发展的北科生物，在 2009 年遇到了发展的拐点。那一年，美国总统奥巴马履新后，宣布解除对联邦政府资金资助胚胎干细胞研

究的限制。美国FDA宣布批复世界上第一项胚胎干细胞产品进入临床研究。同年3月，卫生部发布管理规定，将干细胞等细胞治疗按第三类医疗技术管理。

然而，在中国从业者为规范化的干细胞治疗管理欢呼时，第三类医疗技术的细胞治疗申报、审评始终停留在酝酿阶段。于是，在世界各国纷纷将推动干细胞与再生医学产业化发展上升到国家战略层面时，由于存在大量不规范的临床细胞治疗机构，中国陷入了卫生行政部门对于干细胞治疗的全面停止整顿，中国干细胞治疗临床转化自此开始了长达3年的发展停滞期。

最终，国际上对中国率先推进的干细胞临床转化的赞扬声也逐渐变成了批评之声，北科生物从盈利不错，转为出现营收赤字和严重亏损，也由

深圳综合细胞库

"干细胞科技的前沿"和"医学奇迹"转而成为"向全世界20多个国家的患者提供未经证实的干细胞疗法"。胡祥说："在国家要求停止临床应用后，北科生物停掉了干细胞临床实验和转化工作，产业化步伐停止。"

与此同时，中国出现不少企业纷纷进入细胞治疗产业的乱象，无论有没有核心技术，都开始从事细胞治疗。

北科生物细胞库质量管理体系全球领先

面对细胞治疗市场一片乱象，国家缺少第三方评价机构和监管体系的现状，北科生物开始转向专心修炼内功，建立起完整的细胞治疗质量管理体系，向国家食品药品监督管理总局提交了符合新药申报的干细胞安全性有效性临床前研究数据，并获受理。

北科生物尝试建立的细胞治疗产业化发展的新模式，开始逐渐显现，并获得了首个国家"863"研究资助，参与发起成立了国家干细胞与再生医学产业技术创新联盟。此外，北科生物在江苏泰州中国医药城建立的细胞治疗产业化试点示范项目落成完工，并获得第三方的国际质量评定认可，并与4小时车程内的医疗、研究机构联结，为这些机构提供个体化的干细胞标本保存、制备以及标准化的细胞治疗的质量控制体系。

北科生物细胞库是中国大陆首家通过"全球领先的输血和细胞治疗技术联盟"认证的综合性细胞库。AABB认证范围涵盖了采集、处理、储存、发放与临床应用的全方位高标准。同时，认证过程极其严格，审核内容细化到了每一个工作环节和操作流程，被业界公认是最为严苛、完备、专业的国际标准。北科生物于2011年首次通过认证之后，又于2013年、2015年、

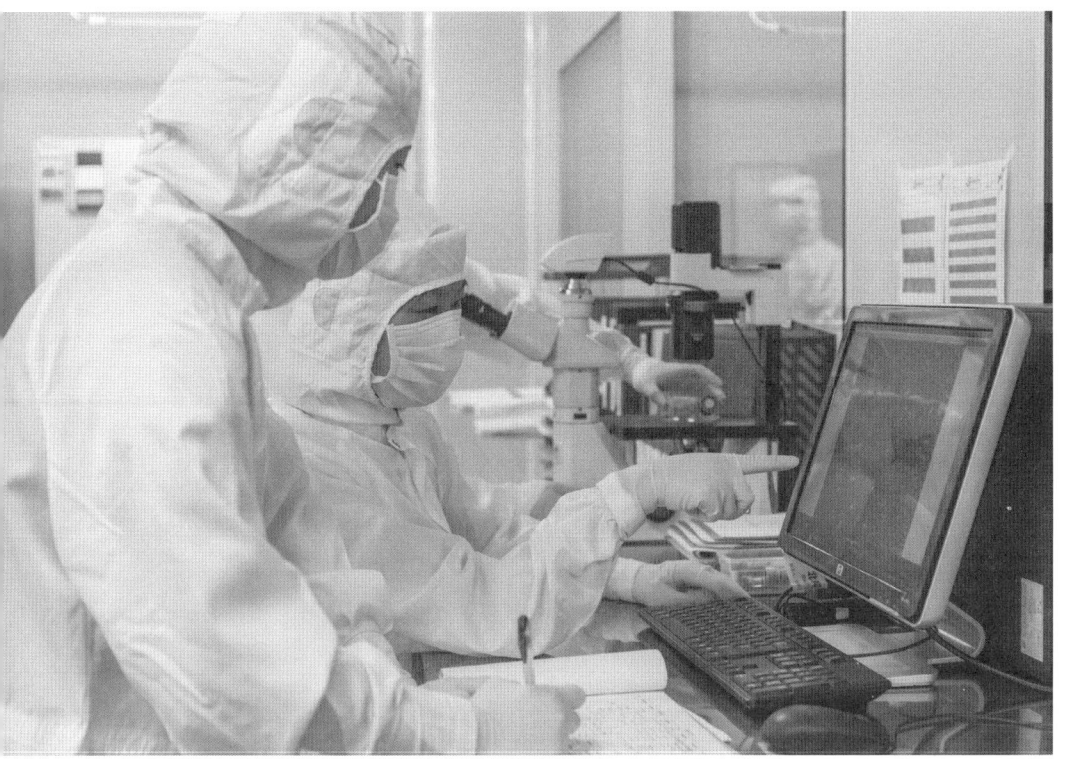

制备中心技术人员在观察细胞生长情况

2017 年、2019 年顺利通过 AABB 严格的现场复审。北科生物制定的人脐带间充质干细胞库建库标准获得 AABB 采用。

　　2018 年 11 月，国家卫生健康委临床检验中心先后给北科生物管理的深圳综合细胞库、北科（贵阳）综合细胞库、石家庄综合细胞库、江苏省干细胞库 4 个细胞库质量检测平台共颁发了 9 张 EQA 合格证书[1]。4 个细胞

_____

1　EQA(external quality assessment) 即室间质量评价活动，由国家卫生健康委临床检验中心组织，旨在通过严谨科学的数据比对，评价实验室是否具有胜任其所从事检测工作的能力，提供实验室检测水平能力可靠证明。

库质量检测平台通过了参与的所有比对项目，再一次表明北科生物一直以高标准、高要求的态度做好细胞产品质量的把关者。

"北科生物自 2011 年开始主动进行 EQA 测评，至今已是第 8 年进行 EQA 测评。"胡祥介绍，"细胞质量是企业的核心竞争力，细胞检测质量更是确保每一个家庭细胞资源安全的重要环节。北科生物在江苏、深圳、贵州、河北布局的细胞库检测平台，正是在东、南、西、北形成全国范围网络覆盖，以严谨、科学的态度，高标准、严要求的生产检测流程，对每一份细胞做出高质量的承诺。健康的细胞，才是有价值的家庭资产。"

公益事业的积极践行者

胡祥多年来一直热心于公益事业，曾使用中组部给予胡祥个人的奖励 100 万元成立了专项基金，为自闭症儿童及其父母提供培训课程和康复项目，后来该项目由华夏爱佑慈善基金会接手，并且晋级成了中国残疾儿童康复项目，迄今为止，有 4 万个自闭症儿童家庭得到帮助。

"当初我们只是种下了一颗种子，此后吸引了更多人参与到这项慈善事业中，我们也从中分享到更多的快乐。"胡祥后来创建了世健公益基金会，希望可以更好地回馈社会，用实际行动践行着一个企业家应有的社会责任。

2018 年 11 月，世健公益基金会主办了首届雄安国际健康论坛，这是一个跨领域、公益性和国际性的大健康领域高端论坛。论坛参会人数近 700 人，其中外宾近 60 人，吸引了诺贝尔奖获得者和中外院士、医疗机构和上市企业代表等众多大健康领域专业人士参会，特别安排了大数据与人工智能、儿童暴力与心理健康、流行病学与传染病学等专题对话，是一场健康时代的思想盛宴。论坛充分发挥了雄安新区的自身特色和优势，通过搭建大健康领域综合平台，开创具有独立影响力和品牌效力的健康论坛，向全世界展示我国在大健康领域的实力和影响力。

胡祥创业经历过多次起伏，却仍对细胞治疗事业充满了激情和期待，一如创业之初那般雄心万丈。"与做慈善事业一样，经营企业也不要太在意个人的得失和荣辱，说到底人生就是一个过程，我现在想得最多的是如

2018 年 11 月 19 日，胡祥与联合国秘书长古特雷斯在纽约联合国总部合影

何利用最先进的技术造福人类，如何更高效地发挥作用，救治更多的人。"胡祥平静地说，"从一开始创办北科生物，我就是在'无人区'里前进，既没有标准也缺乏监管，完全需要自己去摸索并制定规则和标准。后来国家在政策方面对细胞治疗临床应用有所限制，为什么我还能坚持下来呢？我想是病友们给予我的信任和期待吧，那就像黑夜里的明灯一样，照亮我前行的路。因为在病人接受细胞治疗前，我有义务告诉病人风险所在，要病人降低期望值，在病人知情同意的条件下，我们会尝试细胞治疗。我常常会收到癌症病人给我的信，让我最感动的是，他们说自己曾经不想活了，因为害怕成为家人的负担，但是看到北科生物的细胞治疗方法让身边病友逐渐康复，就看到了活下去的希望。这些病人从我们的研究事业中获得新生的希望，而我自己却是从他们的信任里获得坚持下去的勇气。"

为了人类健康的目标再出发

2012 年，美国宾夕法尼亚大学医学院发布了应用 CAR-T 技术（嵌合抗原受体 T 细胞免疫疗法）治愈化疗失败的晚期白血病患者的临床研究成果，这次成功让全世界感到振奋，也让胡祥看到了细胞治疗的另一个全新的方向。

"经过基因编辑改造的 T 细胞，如果发现了癌细胞，不仅会杀死它，还会开始分裂，从 1 个到 1000 个、10000 个，在人体内创造出灭癌大军。2013 年，细胞免疫治疗被列为'十大科学突破'之首。"胡祥激动地说。

随后，北科生物战略性调整发展方案，由过去单一的干细胞技术研发，转向个体化细胞治疗公共技术服务平台的构建，为临床医生搭建一个应用个体化治疗的便利性通道——"区域细胞制备中心"。同时，进行细胞免疫治疗的开发与转化。胡祥并不认为所有的技术都需要自己来研发，如果国际同行在这个领域有最优秀的成果，他也愿意将之收购到北科生物旗下，再跟随创新和产业化。

2014 年，北科生物收购美国 Altor 生物科技有限公司的新品种 ALT-803，用于国内临床肿瘤生物免疫治疗的开发与研究应用。在这次跨国技术合作中，双方将在各自的产品部门和技术转化领域合作发展。2015 年，北科生物与南京尔宾堇生物的高宾教授成立公司，联合开发类细胞免疫治疗肿瘤的"MAR-T"[1] 方法，该技术是把抗体装到 T 细胞上以后，T 细胞借助抗体对抗原的识别，去识别和杀伤肿瘤细胞。通过收购和合作，北科生物在肿瘤免疫细胞治疗领域也走在了前沿。

在 2015 深圳国际 BT 领袖峰会上，"深圳综合细胞库"和"深圳（北科）区域细胞制备中心"正式挂牌。从这里起步，北科生物开启了细胞治疗产业化发展的一种新模式。该模式也得到国际同行的认可和证实。2015 年 7 月 14 日，国际知名医学杂志 *BMC Medicine* 发布了中国"十二五"期间的 863 重大专项研究成果——《经冠状动脉注射人脐带华通氏间充质干细胞治疗急性心梗的双盲、随机、对照试验研究》。

经过一段时间的沉淀后，北科生物产业化的计划重新启动。北科生物探索的个体化细胞治疗技术产业化发展模式——"区域细胞制备中心"获得国家发展改革委"战略性新兴产业区域积聚示范项目"的支持。目前，

1　MAR-T：一系列单区抗体可以识别 MHC（主要组织相容性复合体）复合物所表达的细胞内靶点，所以称之为 MHC Antigen Receptor（MHC 抗原受体），简称 MAR。目前公司已经成功筛选出数个 MAR 抗体，并且数目还在不断扩大。所有筛出的 MAR 都具有全球知识产权。MAR 的技术优势在于可以用较为简便的抗体技术，取代目前世界上主流的细胞内靶点识别的 TCR（T 细胞抗原受体）技术，并且具有更高的特异性和亲和力。

已在华南、华东、西南、西北布局实施细胞治疗产业化的基础设施——"综合细胞库+区域细胞制备中心"。这是基于细胞治疗技术受到个体化和细胞特性约束的特点,"铺设"一条既能满足临床需求及时性又兼顾生产规模化的,连通临床需求方和先进技术供给方的"细胞治疗高速公路网",构建符合国际标准和发展趋势的标准化细胞储存及制备模式。

　　作为细胞治疗领域的领头羊,北科生物在行业标准制定上也走在前列。由深圳市市场监督管理局会同深圳市发展改革委组织、深圳市北科生物科技有限公司和深圳市标准技术研究院联合起草的《细胞制备中心建设与管理规范》(编号:SZDB/Z 188-2016)于 2016 年 6 月正式发布;《综合细

北科生物参加 2015 年深圳国际 BT 领袖峰会

胞库建设与管理规范》（编号：SZDB/Z 266-2017）于 2017 年 9 月正式发布；为我国细胞治疗技术行业标准的制定提供了有益借鉴。

　　一系列规范的实施必将引领并加快细胞治疗产业进入法制化、规范化、专业化的进程。胡祥表示，北科生物将以"综合细胞库 + 区域细胞制备中心"为基础，以"互联网 +"为手段，在产业投资基金合作的推动下，形成覆盖全国的个体化细胞治疗产业公共技术服务平台暨国家级个体化细胞治疗技术网络。

2015 年北科生物参展深圳国际 BT 领袖峰会和生物／生命健康产业展览会

【专家眺望】
人类迈入细胞治疗的新时代

"如果说 20 世纪是药物治疗的时代，那么，21 世纪就是细胞治疗的时代。现在只要精准医学通过基因技术和细胞治疗对肿瘤及时预测，早诊早治，就能把肿瘤当作慢性病来治疗了，人类寿命也必然大大延长。"北科生物董事长胡祥说自己是个乐观的人，对未来医学抱有无比强大的信心。

细胞治疗成为恶性肿瘤的"杀手"

2012 年 7 月，美国宾夕法尼亚大学医学院发布应用 CAR-T 技术治愈白血病患者的研究成果引起轰动。2013 年，细胞免疫治疗被列为"十大科学突破"之首。

从那以后，细胞免疫治疗成为全球最热的研究课题。2018 年美国总统特朗普签署了《乔丹法案》，允许身患绝症的晚期恶疾患者自担风险，尝试未经药监部门审批的实验性治疗和药物，为部分患者提供"第二次生命的机会"，这给细胞免疫治疗行业带来了巨大利好，同时也让我们看到了在医疗和健康领域的创新有多么大的可能。2018 年诺贝尔生理学或医学奖授予了美国免疫学家詹姆斯·艾利森（James Allison）和日本免疫学家本庶佑（Tasuku Honjo），以表彰两位科学家在肿瘤免疫学的贡献，他们的研究提供了一种治疗癌症的方法——通过刺激免疫系统原有的能力，来对抗肿瘤细胞。

胡祥认为基因编辑技术是一项伟大的发明，因为基因编辑技术能够让人类对目标基因进行编辑，实现对特定的 DNA 片段的敲除、加入等，CAR-T 技术实际上就已经采用了基因编辑技术。科学家增添了嵌合抗原受体，这种人造受体是由鼠源性抗体和人源化抗体的受体片段拼接而成，人造受体的基因密码通过病毒录入 T 细胞的 DNA，这种病毒常常是改造的 HIV 病毒，受体发现了癌细胞，不仅会杀死它，还会快速分裂，创造出灭癌大军。美国免疫学家詹姆斯·艾利森和日本免疫学家本庶佑发现了免疫检查点这一机制，并将之用于治疗肿瘤。免疫检查点抑制剂并非直接针

胡祥在 2019 深商大会发表演讲

对癌细胞，而是通过解除免疫系统的限制（PD-1 抑制剂），或者解除癌细胞的防御系统（PD-L1 抑制剂），让身体的免疫系统来杀灭癌细胞。根据这个新形态免疫治疗的机理，北科生物研制出了一种针对黑色素瘤的细胞治疗方法，于 2018 年年底已经进入安全性研究，也就是说利用基因编辑技术加上靶向免疫细胞治疗技术，就有希望治愈恶性实体瘤。

胡祥说："每个人都应该保存一份自己的细胞，因为细胞是我们可贵的生物资源，可以分化成相应的功能细胞，当遇到难治性疾病，就可以用自己的细胞来治疗。区域细胞制备中心的工作就是把采集到的原始细胞'加工'成具有神经修复能力的神经干细胞、具有心肌修复能力的心肌干细胞、具有成血管能力的血管内皮细胞等，提前做好保存，一旦脑外伤或者心梗发生的时候，细胞库可以及时提供能够作为治疗用的细胞产品。"

77 岁远不是中国人平均寿命的天花板

自我更新、高度繁殖、多向分化……因种种"再生"特性被医学界誉为"生命之源"的干细胞，对心血管系统、神经系统、免疫系统等疾病具有不可预估的应用前景，已成为国内外生命科学研究的一大热点。业内人士预测，随着近年来国家政策的不断推进，干细胞行业将会迎来高速增长期。在未来 5 至 10 年间，身体组织和器官"再生"将会逐步成为现实，并像智能手机改变大众生活方式一样，在医学界掀起一场创新浪潮。

随着全球人口结构老龄化进程加快，慢性疾病已成为一个世界级难题。心脑血管疾病、糖尿病、慢性呼吸系统疾病以及癌症被称作全球致病率最高的"四大慢病"，用传统医学方法基本无法达到"痊愈"的目的。这是因为慢性病往往由体内一些综合性因素长期积累所导致，仅靠解决某个器官或症状的问题无法达到治愈目的，所以终身服药成了患者延长生命长度的唯一途径。然而，随着近年来干细胞技术的不断发展，一些被视作终身服药的慢性疾病有了被治愈的可能性。

胡祥以糖尿病为例进行解释："糖尿病患者的血管内皮细胞容易脱落，造成血管壁粗糙，容易形成心梗、脑梗和皮肤溃烂等并发症，如果采用自体脂肪干细胞诱导分化成血管内皮细胞，注射进入糖尿病人体内，血管内皮细胞就可以帮助病人重建血液循环，减少并发症的发生。我们这项创新成果已经申请了 PCT 国际专利。"

其实，针对糖尿病的干细胞治疗在全球范围内都是研究的热点。据美国临床试验数据库统计，截至 2018 年 3 月，全球范围内关于干细胞治疗

首届雄安国际健康论坛主要领导及嘉宾合影

糖尿病的临床试验已有 167 项，其中在中国范围内展开的就有 33 项。所谓脐带来源间充质干细胞，即存在于新生儿脐带华通氏胶和血管周围组织中的一种间充质干细胞，将其从脐带中提取并进行体外分离、纯化、扩增后输入到患者胰腺组织中，可增殖为胰岛细胞，替代受损的胰岛 β 细胞分泌胰岛素，促进受损胰岛组织细胞的再生、修复。它除了能提高体内胰岛素的分泌量，抑制血糖上升外，还能增加细胞内运糖蛋白敏感性等，从而达到"根治"糖尿病的目的。

2019 年 5 月，北科生物拟投资英国的 3D 打印血管的产业化项目。"科技进步很快，工具越来越先进，利用最先进的 3D 打印、基因编辑技术可以帮助人类开发人造器官，相信不久的将来，开发出人造心脏、人造角膜、人造肝脏等都不是梦想，能够帮助人类实现更换器官的目标。"胡祥说。

他打开电脑，指着一组照片说："你看，这是两组同时出生的小鼠。一组正常喂养，到两岁的时候就衰老了，皮是皱的，毛也掉光了，蹲在角落睡觉。另一组通过尾静脉定期注射干细胞的小鼠与未注射小鼠相比，平均寿命延长 207 天，而且在老年时期皮毛更加光滑，也更有活力。我们的最新成果显示，当我们激活体内的一种特殊的 NK 细胞（自然杀伤力细胞），它可以迅速地清除体内的衰老细胞，只需要 4 天就可以让动物恢复到年轻态。"

由此可见，细胞如果在治疗难治性疾病、抵抗衰老等各个层面得到广泛应用，对人类的平均年龄、工作年限等各方面都会有跨时代的改变。

未来体检将面临巨大的革新

"上医治未病"，细胞其实在预防疾病方面也有巨大的意义，而且未来人类体检会面临巨大的革新。

胡祥在大学本科学习的就是预防学专业，他对疾病的预防有更深刻的认识。2018 年春天，北科生物引进了欧洲科学院院士、德国科学院院士、德国马克斯—普朗克分子植物生理研究所创始所长洛塔（Lothar）教授的研究成果。通过代谢组学分析，用 1 毫升的血液就可以检测 10500 种代谢分子。对这些代谢分子进行相关性的分析比较，发现有

北科生物大楼

40 多个代谢分子与肠癌、腺瘤和息肉相关，也就是说只要测试 1 毫升血液，就可以在早期识别恶性与良性肿瘤。

"到现在为止，医院的各种检查都是针对医生来设计和制定的采集数据项目，给出有限的数据，因为人脑的算力有限，医生无法处理大量的数据，尤其是在有限的时间内。而人工智能的舒适区和人脑是有区别的，未来为人工智能服务的体检是要采集基因组、转录组、蛋白组、代谢组、肠道微生物组等各类组学数据，用这些数据形成多维数据图，交给人工智能去判断，就知道受检者是否健康。"胡祥描述道，"由此采集数据的方法必然发生改变，从每天的排泄物里可以随时监测肠道菌群，通过一滴血的检测就掌握基因组数据和代谢组数据，就能知道与免疫、代谢、寿命相关的信息，对早期肿瘤可以给出更有针对性的治疗建议，到那时，可能根本不会存在晚期的癌症病人，肿瘤成了可治愈和管理的慢性疾病，甚至可预防的疾病。"

打造精准健康管理平台

随着生命科学研究的深入，医学革命滚滚而来，世界发达国家纷纷在精准医疗领域加快布局。我国对干细胞研究等精准医疗也越来越重视。干细胞研究被列入"十三五"国家重点科技研发计划，来自国家的认可与支持对干细胞领域无疑是重要的发展信号。从 2018 年开始，中国推出细胞治疗领域的政策的速度明显加快，发布了《干细胞临床研究管理办法（试行）》《干细胞制剂质量控制及临床前研究指导原则（试行）》等。2018 年 5 月，10 家机构的 12 个干细胞临床研究项目在国家卫健委完成备案，细胞行业风口已来，政策落地悄然加快。

　　在各种利好的政策环境下，胡祥开始了更宏大的战略布局。"我们要用平台思维，做大健康产业，必须坚持开放、多赢和共享的理念。IT（信息技术）+BT（生物技术），也就是人工智能与生物科技的融合，将带给我们无比巨大的历史机遇，在我看来，是小细胞带动大产业，以细胞存储为入口，打造精准健康管理平台，将是一项于国于民都极为有利的事业。"

　　按照胡祥的设想，这个个体化细胞治疗临床转化的公共技术服务平台就像四通八达的高速公路网一样，不仅为大多数医院和患者建立服务规范、标准高效、有监管能力的细胞制备中心，同时还向所有医院、上游公司开放，

首届雄安国际健康论坛开幕式现场

任何拥有个体化细胞治疗技术的研究团队、创始生物科技公司和技术发明者个人、想创业的人都可以在平台上进行创业。

2019年，胡祥作为规划牵头人，在为雄安新区做健康产业规划的时候，提出建立一个"远程医疗平台"，希望做成"中国医疗改革的雄安样板"。这个规划既运用了区块链技术进行储存加密，保护个人健康数据的隐私，又运用数字科技和计算科学建设细胞云平台，个体健康与科技端的信息接

胡祥主持首届雄安国际健康论坛分论坛

口；既有细胞存储和细胞制备的实体库，又能依据个体健康档案、提供一站式健康管理方案的科技库。

"我们要把治病和救命的产品和服务，做成普惠的，让最先进的医疗技术高效地发挥出效率，使得更多老百姓受益。"胡祥说，"雄安是国家的战略所在，北科生物将积极参与雄安新区的建设，于 2018 年承办了首届雄安国际健康论坛，为了将雄安新区打造成贯彻新发展理念的健康中国战略样板城市，全国各地的政府部门和医疗机构都积极参与，我也十分自豪北科生物能参与其中并贡献一份力量。"

心量有多大，事业就有多大。由于医疗卫生事业事关人命，因此在健康领域，创新往往是非常困难的，搭建一个大平台，让科学家、企业家、投资者、政府监管人员能直接对话，是一个明智的选择。

胡祥同样看好粤港澳大湾区的机遇，他表示："粤港澳大湾区市场机制发达，人们对生命健康服务的要求更高，我们会用民间力量来推动技术的发展和服务的优化。比如，通过组建生命健康专项基金，把一些国际上最先进的医学成果引进来，在深圳进行产业化和市场推广，相信会对我国生命健康产业发展起到积极促进作用。"他从不迷信完全靠自己力量的自主创新，而是赞成华为创始人任正非对创新的理解："创新一定要开放，一定要站在前人的肩膀上，一个不开放的文化，就不会努力地吸取别人的优点。我们要以大海一样宽广的心胸，容纳一切优秀的人才共同奋斗。"

站在全球大健康的角度，通过对世界前沿医学科技的了解，挖掘最新的技术成果，为我所用，这也是我国生命健康产业实现"新建赛道和比赛规则"的良方。

03 茵冠：
细胞与基因生物技术
创新践行者

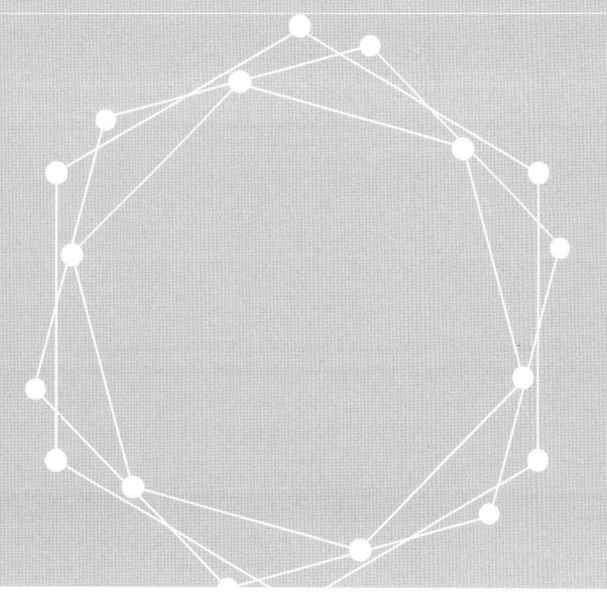

粤港澳大湾区
战略性新兴
产业研究

茵冠

深圳市茵冠生物科技有限公司（以下简称"茵冠生物"）是一家专业从事细胞与基因生物技术创新研发、转化应用研究及技术服务的国家高新科技企业，目前是港股上市公司美瑞健康国际的控股子公司。

茵冠生物进行细胞治疗及基因治疗全产业链业务布局，以癌症的细胞生物治疗、干细胞临床研究与转化应用、基因治疗、细胞储存、健康管理及技术公共服务平台等为主要业务，致力于打造国内顶尖、国际一流、集技术与服务于一体的医疗健康服务集团。公司总部位于深圳，业务已遍布全国，在华南、华北、西南、西北等区域共设有近10个分支机构，建立近10个区域细胞制备中心，为全国近20家三甲医疗机构提供8～10年的独家细胞生物治疗技术。

茵冠生物研发实力雄厚，拥有国际最新的先进细胞与基因治疗技术。目前已申请近40项专利（含近10项国际PCT专利），承担政府科技项目20余项。

茵冠生物的干细胞产品和抗肿瘤生物免疫细胞产品荣获政府高新技术产品认定及2017年国际生物/生命健康产业峰会（BT峰会）创新成果金奖，并在2015年"创业之星"大赛中荣获企业成长组第二名。

【创业历程】
姜舒：坚持创新是细胞生物领域
创业者的生命

这是一家成立仅 6 年的从事细胞与基因生物技术创新研发和技术服务的公司，因为坚持创新而在业内成为冉冉升起的新星，在 2015 年深圳市南山区"创业之星"大赛中斩获企业成长组第二名，于 2017 年在国际生物 / 生命健康产业峰会（BT 峰会）上勇夺创新成果金奖。

这家企业名叫深圳市茵冠生物科技有限公司，领军人物是姜舒博士，她曾在美国工作生活多年。问及她的创业初衷，她莞尔一笑："我不是为生活所迫才选择创业，而是我有一个最朴素的想法，就是要把自己学到的生物技术经验和全世界最新的科技成果，成功转化并服务于人们的健康，哪怕只帮到 100 个人或者 1000 个人，其实背后就是 100 个、1000 个家庭。"

海归博士从高管变身创业者

2009 年，姜舒从美国来到深圳，她追随丈夫的脚步，放弃了在美国做研究员的安逸舒适生活。

　　从工作简历看，姜舒是一位非常出色的女性：曾经在吉林大学附属医院做了 10 年的外科医生，拥有细胞生物学专业博士学位，之后远赴美国担任斯坦福大学研究员，同时在弗吉尼亚理工大学、阿肯色大学深造，进行博士后研究工作。回国前，她在美国硅谷一家干细胞公司担任高管。

　　"丈夫决心要回国发展，作为妻子，一定要平衡好家庭和工作，我无怨无悔地支持丈夫的选择，所以我在他回国一年后也来到深圳工作。"姜舒回忆道。丈夫的事业心很强，她本来是打算回国做好相夫教子的角色。

　　回国后，姜舒在深圳一家生物科技公司做了 3 年高管，组建研发团队、开展研究工作，对她来说驾轻就熟，

姜舒

她很快就适应了国内的工作和节奏。可她内心有一个声音，就是要把这么多年学到的本领造福更多的人。

姜舒有 10 年临床经验，熟悉国内医院的运作，也有 10 多年在美国高校从事研究工作的经历，她知道细胞治疗对于临床医学是一种多么重要的新方法，也知道虽然国内细胞治疗尚处于起步阶段，水平却与国际不相上下，她想把握这个机会来做一番有益于社会的健康事业。

高度重视研发，拒绝"挣快钱"

2013 年 3 月，姜舒在朋友的鼎力支持下，创办了深圳市茵冠生物科技有限公司，注册资本 3200 万元。

从不到 10 人的小团队起步，姜舒在短短的一年时间内完成团队组建、研发立项等各种工作。在姜舒的带领下，茵冠生物专注于细胞与基因生物技术的创新研发、转化应用研究及技术服务，其业务重心在于细胞技术和基因编辑技术两大新型技术前沿阵地。姜舒说："人类很多疾病与基因突变有关，运用生物技术把突变的基因修复成正常的，除了癌症，还包括糖尿病、肝硬化、红斑狼疮等在内的很多慢性病的治疗，细胞治疗和基因编辑技术都能提供颠覆性的治疗方法，我们做的是基因检测后的干预，从细胞和基因层面，根本上'治愈'疾病。"

茵冠生物成立当年就实现了收支平衡，从 2013 年到 2016 年年初，营业额和利润均以每年 200% 的速度增长，相继获得数十项生物细胞技术领域专利（包含多项国际 PCT 专利），承担多项政府科技项目。茵冠生物在全国建立起近 10 个研发制备中心，均获得省级以上食品药品监督管理局认证，并与全国近 20 家三甲医院进行了独家技术合作。茵冠生物成为从深圳市生物技术产业中脱颖而出的新秀。

2015 年秋天，茵冠生物夺得 2015 年"创业之星"大赛企业成长组第二名，投资人趋之若鹜，姜舒却不为所动，当年并没有牵手投资机构。那个时期的她，对细胞技术的发展和未来市场充满信心，她认为按每年 200% 的速度再增长三五年不是问题。

可人生处处充满意外，2016 年初夏发生了"魏则西事件"，医院、医疗机构受到相关部门的严格整顿，给整个生物医疗行业带来巨大冲击，大量从事细胞治疗的生物医疗公司倒闭。茵冠生物也不可避免地受到影响。

回溯我国干细胞产业发展，可谓"一波三折"。2007—2012 年，我国将干细胞疗法作为"医疗手段"而非"药物"来监管，造成一片混乱局

2015 年 11 月 13 日，创新南山 2015 "创业之星"大赛颁奖典礼在深圳南山会堂举行

面；2012 年 1 月 10 日，卫生部叫停中国境内所有的干细胞的临床治疗；2004—2012 年间，国家药监局受理的 10 项干细胞新药注册申请全部被清零，干细胞药物开发回到原点。

"我明白国家需要通过彻底整顿来清理掉那些不专业的机构。但这个事件对我们的影响很大，公司现金流、业务发展速度均受到冲击，因为过去我们的主要收入来自给医院提供技术支持，'魏则西事件'之后，我们公司也开始寻求转型，希望能开展更多样的业务来求得生存。"姜舒坦言，"细胞储存通过一定的方法将组织中具有自我复制且多向分化的特性的干细胞种子提取出来并保存一定的期限，保证细胞的功能和活性不受明显的影响。这是干细胞医疗行业最基础、最前端的业务。最初茵冠生物并不做细胞存储业务，可为了转型的需要，从 2016 年下半年开展了细胞存储业务，包括脂肪干细胞、免疫细胞、新生儿脐带干细胞、胎盘干细胞、子宫内膜干细胞、牙髓干细胞等细胞存储业务。"

除了业务方向的调整，姜舒认为这个事件也对锻炼队伍起到了一个促进作用。"我很感动的是，在我身边有一个同舟共济的核心团队，在公司最困难的时期，没有发生人才流失，大家都朝着一致的目标坚持着，我们一致认为坚持创新是细胞领域创业者的生命，研发是我们公司的核心竞争力。团队成员大多都是欧美高等院校海归的技术型人才，他们加入的同时还带来了最先进的技术。"她随口报出的核心团队成员，个个都是海归精英，比如，张芸是加拿大籍科学家、南山区领航人才，罗朝霞是英国格拉斯哥大学留学归国临床医学专家，王冰是香港大学医学院博士，另外还有一批来自麻省理工学院、美国佐治亚大学等高校的研究专家等。

茵冠生物的一位员工如此评价姜舒："阅尽生命的辽阔，还能对新事物保持一种好奇心。"而这恰恰是做科研工作的人所具备的优秀品质。那些生意场上所谓"挣快钱"的生意经她也学不会。"前几年，外地的一家健康公司找上门来寻求合作，让我把一份标准单位的细胞产品拆分成 5 份，可以在每份上给我们更多的钱，这明显是欺骗消费者的行为，我坚决不同

2018 年 11 月 3 日，诺尔贝生理学或医学奖得主厄温·内尔教授到茵冠生物合作考察

意。国内的细胞治疗市场由于缺乏监管，因此比较混乱，但我们作为研发型的企业更应该对自己高标准、严要求。茵冠生物是一支具有强烈使命感和责任感的团队，所以对这类'挣快钱'的生意我坚决说'不'。"性格爽直的姜舒快言快语，"做企业一定要以盈利为目标，但赚钱不是唯一的目的，不能为了赚钱连做人的底线都不顾，什么事情都敢做。"

虽然姜舒学不会"挣快钱"，但她对茵冠生物的市场营销却自有秘诀。姜舒说："我们花费几百万元，设计出了一个'生命未来馆'，用多媒体方式传递细胞技术给人类生活带来的颠覆性改变，很好地加深了广大客户、

2018 年 11 月 13 日，茵冠生命未来馆在深圳集成电路设计应用产业园揭幕

老百姓对细胞技术、基因编辑技术的理解。毕竟我们从事的细胞治疗是非常抽象的、新奇的事业，我们要把抽象的东西变得具象化，才能让人们对生命健康新技术保持兴趣和有所理解。"

牵手香港上市企业瞄准国际市场

2018 年 6 月 8 日，国家药监局新受理了干细胞疗法的临床注册申请，预示着我国重启干细胞治疗在临床上的应用。这个时候，国内细胞治疗企业迎来了政策的春天，茵冠生物也开始踏上了寻求与资本的合作之旅。

2019 年 3 月，茵冠生物获得来自港股上市公司美瑞健康国际产业集团的战略投资。根据此前美瑞健康国际发布的公告，本次投资金额达到 5527.8 万元，其间接全资附属公司深圳美瑞成为深圳茵冠生物的单一最大股东。

美瑞健康国际为何青睐茵冠生物这家初创的生物科技公司呢？美瑞健康国际总裁周文川认为，茵冠生物是国内为数不多同时拥有干细胞技术、免疫细胞技术和基因编辑技术的公司。在细胞技术方面，茵冠团队采取无血清培养体系，充分降低患者风险；采用 3D 培养体系，模拟体内环境特性。茵冠生物生产制备基地符合国际 cGMP[1] 标准，严格实现对无血清培养体系的高质控要求。采血量少，培养细胞数量多，减少患者痛苦。在基因编辑领域，茵冠生物引进美国麻省理工团队的 CRISPR[2] 技术，大幅度降低脱靶

1　Current Good Manufacture Practices，动态药品生产管理规范。

2　Clustered regularly interspaced short palindromic repeats，规律间隔成簇短回文重复序列。CRISPR 技术是指利用 CRISPR 工具的基因编辑技术，属于第三代基因编辑技术，通常指 CRISPR/CAS 系统。

率，提高转染效率，从原先的 30% 提高到 80% ～ 90%。尤其有价值的是，茵冠生物团队有来自美国、德国、英国等多个国家的学府及研究机构的技术人才，涉及分子／细胞生物学、临床医学、再生医学、肿瘤学、遗传学及免疫学等多个领域。

姜舒对牵手美瑞健康国际也非常满意，她介绍："美瑞健康国际是在香港联交所主板上市的一家以大健康为主业的国际化产业集团，业务板块

生命未来馆场景

涵盖健康医疗、健康旅游、健康地产等，在健康医疗板块拥有遍布全球的医疗服务、销售网络和世界一流的医疗服务团队。美瑞健康国际立足于全球大健康产业前沿，对接世界顶尖医疗资源，制定国际化医疗标准。旗下有巴黎国际医疗集团、瑞士艾登医疗中心、美瑞国际健康管理有限公司等机构，深度打造以精准医疗和未来医疗为基础的全生命周期的'精准健康管理'。深圳市茵冠生物科技与美瑞健康国际合作后，美瑞在全球范围内拥有近 10 个健康管理中心和 7 个细胞制备、储存及质检中心。此次战略投资意味着美瑞健康国际在健康医疗板块的持续加码。"

据介绍，美瑞健康国际旗下的巴黎诊所成立于 1978 年，主要为客户提供抗衰老和量身定制的健康管理解决方案。40 年以来，巴黎诊所以服务皇室的私人医疗标准，悉心服务于欧洲王室、政要商贾、名流精英，在全球最富有的 1000 人中，超过 5% 是他们的忠实客户。巴黎诊所创始人萧夏博士（Dr Chauchard）担任欧洲抗衰老医学院副主席、亚太抗衰老医学院主席，长期作为世界抗衰老大会的首席嘉宾。目前巴黎诊所已在美国、法国、瑞士、日本、韩国、沙特阿拉伯等 9 个国家及地区拥有多家连锁诊所，正在以新的形态积极拓展中国市场。同样，在美瑞健康国际旗下还有瑞士艾登医疗中心，致力于提供从抵抗衰老、疾病预防、大病排查到重症治疗、健康管理的一整套医疗体系，确保为每一位高端客户提供最完善的健康方案。姜舒满怀信心地说："我们不需要单纯的财务投资人，我们找的投资人一定是可以带给我们市场资源的机构，我们的产品可以进入美瑞健康国际的全球营销网络，这个意义太重大了。"

而这一切只是刚刚开始。姜舒仍以"创业新兵"来定位茵冠生物，做人做事依然十分低调务实，虽然她已经头顶着"海外高层次人才""南山区领航人才""深圳市产业发展创新人才"等各种头衔。如今，茵冠生物团队在姜舒的带领下，秉承"创新、严谨、健康、成长"的公司文化，在生物医疗技术的创新道路上，为人类的健康事业做不懈的努力。

【专家眺望】
如何抓住细胞医疗市场的万亿商机

目前，我国已经形成完整的干细胞产业链，上游是最成熟的一环，中下游有待拓展。相关业务主要集中在上游，而中下游业务目前大多处于临床试验阶段或市场初期开发阶段。深圳市茵冠生物科技有限公司进行细胞治疗及基因治疗全产业链业务布局，以癌症的细胞生物治疗、干细胞临床研究与转化应用、基因治疗、细胞储存、健康管理及技术公共服务平台等为主要业务。

茵冠生物董事长姜舒介绍："干细胞具有强大的复制分化特性，并具有有效的调控机制，被广泛应用于疾病治疗、器官移植、生物修复以及医学美容等领域，其市场规模极其巨大。毫不夸张地说，全球细胞医疗拥有上万亿的市场，目前还处于初级萌芽阶段，需要更多优秀的生物科技企业在创业道路上做出更多贡献，共同来做大细胞医疗市场，让千千万万的患者受益。"

干细胞医疗市场潜力巨大

我国的干细胞产业与全球较为接近，同样包括干细胞治疗医疗服务业务、干细胞存储业务和干细胞制药业务。

据前瞻产业研究院发布的《中国干细胞医疗行业发展前景预测与投资战略规划分析报告》统计数据显示，2012 年我国干细胞医疗市场规模仅有 62 亿元，截至 2017 年我国干细胞医疗市场规模增长至 554 亿元。到了 2018 年年底，我国干细胞医疗市场规模达到了 657 亿元；目前，中国有上

茵冠生物参加 2017 年度深圳健康产业年会

亿级别的心血管病患、糖尿病病患，以及千万级别的阿尔茨海默病病患以及血液肿瘤病患正等待着更积极有效的治疗。前瞻产业研究院预测，2019年中国干细胞医疗产业市场规模达到785亿元；2024年，中国干细胞医疗产业市场规模将超过1300亿元。未来随着监管政策的明确以及相关药品的获批上市，我国干细胞产业的市场将更巨大。

干细胞产业链上游的采集与存储业务相对来说技术要求较低，目前我国在细胞存储业务上发展较好。由于我国人口基数大，在国际上已成为干细胞存储的主要国家，但与发达国家的干细胞存储新生儿渗透率相差较远。姜舒认为，随着干细胞治疗适应证以及临床的不断发展，我们将不断加深对干细胞临床治疗和存储的重视程度，未来，我国干细胞存储还有很大的成长空间。

布局细胞治疗及基因治疗全产业链

坚持创新是茵冠生物的优势所在，因此深圳市茵冠生物科技有限公司布局细胞治疗及基因治疗全产业链，以癌症的细胞生物治疗、干细胞临床研究与转化应用、基因治疗为主攻方向。

姜舒介绍，基因治疗是指将外源正常或者有靶向、治疗作用的基因导入目的细胞，以纠正或补偿由缺陷的或者异常的基因引起的疾病，以达到治疗的目的。目前开展的基因治疗只限于体细胞，治疗中的"药"就是指患者自身的正常体细胞或者用于治疗的基因片段与序列，在癌症、遗传病以及其他严重或难治性疾病的治疗方面开拓了一个新的研究领域。

"基因治疗首先必须得到目的基因，然后将目的基因修饰后，直接注入或者转染靶细胞。也可将目的基因通过载体导入靶细胞，再根据基因产物选择被转染的细胞，经体外扩增达到一定数量，最后输回机体。"姜舒说，目的基因的制备、基因转移方式、靶细胞的类型和基因表达的调控等都直接影响基因治疗的效果。因此，在基因治疗领域需发展新的基因组靶向修饰系统用以对目的基因进行持久、特异编辑以达到治疗的目的。近年来，基因组编辑技术的出现给基因治疗领域面临的上述问题开辟了新的解决途

2017 年茵冠生物参加深圳国际 BT 领袖峰会和生物／生命健康产业展览会

径。

据了解，茵冠生物采用的基因治疗技术为 CRISPR-Cas9[1] 技术，核心技术团队来自美国麻省理工学院，该技术与 CRISPR 专利技术属于同源技术，且在其基础上进行研发改进，目前主要研究方向为单基因疾病方向，例如 β-地中海贫血。

地中海贫血广泛分布于世界许多地区，东南亚为高发区之一。我国广西、广东、海南、云南、贵州为高发区，长江以南各省区市有散发病例。地中海贫血是广西发生率最高、危害最大的遗传病。广东每年新增 4000 例地贫，发病率高达 10%，位居全国第二，仅次于广西。其中每 9 个人就有 1 人携带地中海贫血基因，携带率约为 8.53%。该遗传病危害性严重，目前仍缺乏有效治疗手段。

茵冠生物团队通过研发 CRISPR-Cas9 基因编辑技术，对患者的造血干细胞进行基因编辑从而治疗 β-地中海贫血，为基因遗传导致的血液系统疾病提供安全、高效的基因治疗。该技术成果产业化应用于临床后将造福广大的基因遗传疾病患者，可改善基因遗传疾病患者的临床症状甚至治愈，对减轻患者家庭和社会沉重的经济和生活负担具有重要意义，可产生显著的社会效益和经济效益。此外，该项目建立针对地中海贫血的 CRISPR-Cas9 基因编辑技术研发平台后，将利用此平台进一步开发一系列针对不同基因遗传疾病的安全、靶向、高效的基因编辑技术，为基因遗传疾病的临床治疗提供更为有效的治疗手段，这一系列技术产业化应用于临床后将产生巨大的社会效益和经济效益。

---

1 Cas：CRISPR-associated，与 CRISPR 相关的基因，目前已经发现了 Cas1-Cas13 等多种类型的 Cas 基因。Cas 基因与 CRISPR 序列共同进化，形成了在细菌中高度保守的 CRISPR/Cas 系统。CRISPR/Cas 系统：是一种原核生物的免疫系统，用来抵抗外源遗传物质的入侵，比如噬菌体病毒和外源质粒。

　　姜舒介绍，茵冠生物团队近年来针对用基因编辑技术治疗 β－地中海贫血症展开临床前的研究，预计两年后可开展临床研究，希望尽快研究和开发新的安全、高效的基因治疗技术，来满足现有基因遗传疾病临床治疗需求。"目前全国大多数公司都利用基因编辑技术提供科研服务，即把基因编辑技术当作工具建立动物模型，而茵冠生物是利用基因编辑技术来治疗疾病，目的是研发创新产品，我们有望成为第一批申报基因治疗产品的

2014 年 5 月 19 日，宝鸡市生物治疗中心揭幕

公司。"

寻找治疗肿瘤的"克星"

茵冠生物与全国近 20 家三甲医院进行了独家技术合作，在一些肿瘤治疗临床试验阶段取得了显著的成绩。

韦先生于 2014 年年底被诊断为"急性单核细胞白血病"，从 2014 年 12 月至 2015 年 9 月，连续进行多个疗程的化疗，疾病无明显缓解，且出现严重的骨髓抑制。2015 年 12 月和 2016 年 1 月分别进行两疗程免疫细胞治疗，第一疗程细胞治疗之后，骨髓象改善，血象改善；第二疗程细胞治疗之后，血象持续改善，白细胞淋巴细胞数恢复正常，病情稳定。

2019 年 4 月 10 日，茵冠生物与武汉大学人民医院共同举办的《生物医学新技术研究与转化应用战略合作协议》
签约仪式在武汉大学人民医院举行

　　姜舒介绍，相比传统的非特异性细胞治疗，当前市场研究热点是特异性细胞治疗，主要有 TCR-T[1] 与 CAR-T[2] 细胞治疗两种。这两种治疗技术均用到基因工程技术，即通过基因工程技术将肿瘤特定抗原的受体导入到 T 细胞表面，使得改造后的 T 细胞具有识别肿瘤细胞的能力。政府科技部门也为 CAR-T 细胞治疗技术研究提供了扶持。比如，2017 年 12 月，茵冠生物承担的"新型 CAR-T 技术治疗恶性肿瘤关键技术研发"项目获得深圳市科创委重点技术攻关项目扶持，获得 500 万元资助。

　　世界卫生组织发布的《全球癌症报告 2014》显示，中国新增癌症病例高居世界第一位，其中肝癌的新增病例和死亡人数均居世界首位。目前，我国肝癌的发病率约为 25.7/10 万，成为死亡率仅次于胃癌、肺癌的第三大恶性肿瘤。肝癌的高发年龄在 40 岁以后，这是因为致癌因子发生作用需要有一个积累的过程，这个过程甚至长达数十年之久。所以，肝癌患者以中老年人居多，50 ～ 60 岁是个高发年龄段。患肝癌的男性患者明显多于女性。一般情况下，男性肝癌人数是女性的 7 ～ 10 倍。目前国内外肝癌患者 5 年生存率仅 21%。当前应用于肝癌等恶性肿瘤的传统临床治疗方式主要是手术治疗、化学治疗、放射治疗，然而一般情况下手术治疗难以根治，还得辅以化学治疗和放射治疗。化学治疗和放射治疗副作用大，在杀死肿瘤细胞的同时，会抑制骨髓造血系统，损害人体正常细胞，效果尚未令人满意。此外，目前的肿瘤治疗方法还存在缺乏靶向性的问题，靶向性不强导致了严重的副作用，进一步损害人体健康，有时反而会加重患者的病情。因此，研究和开发新的高度靶向性的抗肿瘤方法，提高肿瘤杀伤

1　TCR-T：TCR 即 T cell receptor，T 细胞抗原受体，TCR-T 即 T 细胞抗原受体 T 细胞。

2　CAR-T：Chimeric Antigen Receptor T Cell，嵌合抗原受体 T 细胞。

效果，降低对人体的毒副作用，对于满足现有肿瘤临床治疗需求、降低社会及经济负担具有重大的意义。

随着肿瘤免疫学研究的日趋深入，应用生物制剂增加患者体内效应细胞的数目、刺激患者体内自身的抗肿瘤效应、降低患者免疫抑制性机制、增强患者对放射治疗的耐受性，从而杀伤及清除患者体内的肿瘤细胞的肿瘤免疫治疗方法成为继手术、化疗和放疗后的又一肿瘤治疗模式。

姜舒博士介绍，肿瘤免疫治疗包括疫苗治疗、细胞因子治疗、抗体靶向治疗、基因治疗及过继性免疫细胞治疗等，其中过继性免疫细胞治疗具有肿瘤细胞杀伤效应强、疗效显著等优势，是目前研究最为广泛的免疫治疗方法之一。CAR-T 技术通过基因重组技术使 T 淋巴细胞表面成功表达肿瘤特异或相关抗原的受体，能够靶向特异性地杀伤肿瘤细胞，毒副反应小、患者耐受性好，同时对难治性和复发性恶性肿瘤效果显著，在恶性肿瘤的免疫治疗研究中已成为最具有潜力的焦点之一。CAR-T 技术近年来发展非常迅速，通过基因改造技术，效应 T 淋巴细胞的靶向性、杀伤活性和持久性均较常规应用的免疫细胞高，并可克服肿瘤局部免疫抑制微环境和打破宿主免疫耐受状态。国内外已开展多项与 CAR-T 技术相关的临床试验研究，展示出一定的临床效果。目前 CAR-T 技术多采用患者自体的 T 淋巴细胞，由于患者的病理情况，T 淋巴细胞数量不足、质量不高，限制了自体 T 淋巴细胞来源的 CAR-T 技术产业化应用。异体来源（脐带血、健康者等）的 T 淋巴细胞数量充足、质量良好，但异体来源的 T 淋巴细胞表面的 T 细胞受体（T cell receptor，TCR）和人白细胞抗原（Human leucocyte antigen，HLA）分子具有免疫原性，输注给肿瘤患者后可引起患者机体的免疫排斥反应。因此，如何利用来源充足的高质量异体来源 T

淋巴细胞，开发更为高效、便捷、利于产业化应用的新型通用型 CAR-T 技术是肿瘤生物免疫治疗的一个重要发展方向。

因此，茵冠生物开发的多基因编辑的新型通用型 CAR-T 技术可消除异体免疫细胞的免疫排斥作用，同时提高肿瘤杀伤效果，且有利于规模化生产和产业化应用，对于满足经济、社会和科技发展等方面的需求具有重大的意义。

"我们团队建立针对肝癌的多基因编辑的新型通用型 CAR-T 技术研发平台后，将利用此平台进一步开发一系列针对不同恶性肿瘤的特异、靶向、高效的多基因编辑 CAR-T 技术，为恶性肿瘤的临床治疗提供更为有效的治疗

亚洲细胞治疗协会主席下坂皓洋

手段，这一系列技术产业化应用于临床后将产生巨大的社会经济和经济效益。"

从全球范围看，肿瘤作为人类健康第一杀手，抗肿瘤药物市场自然也是全球第一大药物市场。据 IMS 数据显示，2014 年全球用于治疗肿瘤的药物开销为 1000 亿美元，远远高于其他疾病的用药开销，预计到 2020年将增长至 1500 亿美元。2010—2014 年，全球抗肿瘤药物市场复合增长率为 6.5%，其中以中国为首的新兴市场复合增长率高达 15.5%，美国依然是抗肿瘤药物最大的市场，占整个市场近 40% 的份额。2010—2014 年中国抗肿瘤药物市场高速增长，由 430 亿元增长至 850 亿元，复合增长率

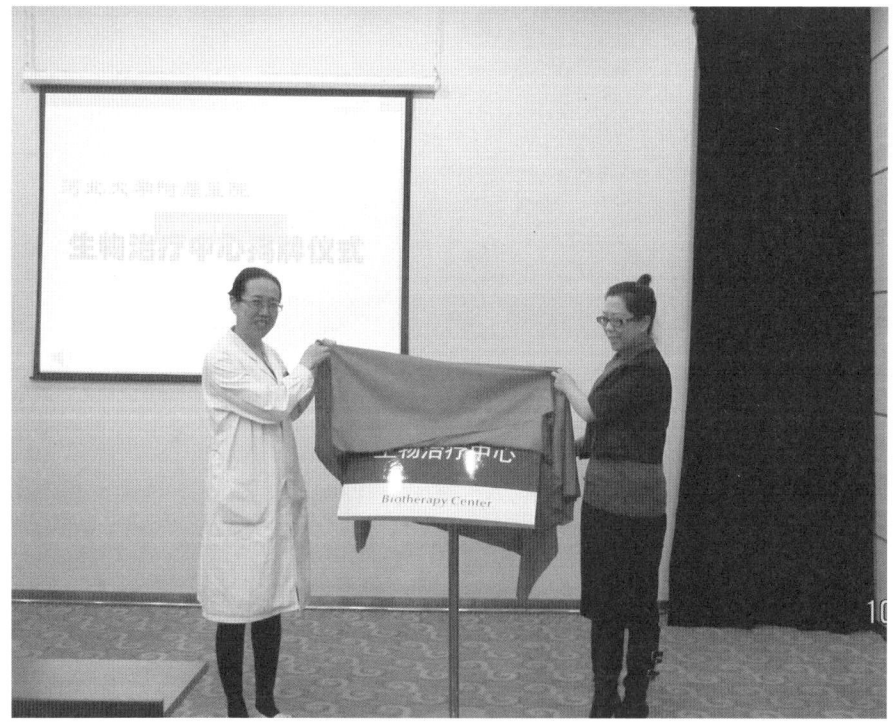

2013 年 12 月 7 日，河北大学附属医院肿瘤生物治疗中心揭幕成立，
该中心是保定市首家肿瘤生物治疗专业机构

为 14.6%。[1]

　　姜舒透露，茵冠生物将于 2020 年启动 CAR-T 细胞治疗药物的临床研究与注册申报工作，由于一项新药申报下来至少需要好几年，而为了更快地服务到肿瘤病人，茵冠生物与一些三甲医院合作开展肿瘤治疗技术的临床研究，进展会相对较快，临床患者的受益更大。每年我国新增肿瘤患者数量众多，如何用新的治疗技术和药物服务好这些患者是茵冠生物的使命。

　　"由于我有 10 年的临床经验，对患者的需求我非常了解，创业以来我也一直背负着沉重的责任感，也深深感受到责任感正是我们进步的动力；我们面对的市场无比巨大，而给病人治愈了肿瘤所带来的成就感，远远超过从商业上成功所获得的幸福感。"姜舒的言谈中总是保持着一种医学科研人员对技术的执着和对生命的敬重。

1　《未来 5 年中国免疫治疗业市场规模发展分析》，来源：中国生物技术信息网，链接地址：http://www.biotech.org.cn/information/153502.

04 中科海世御：
骨水泥走出深闺成香饽饽

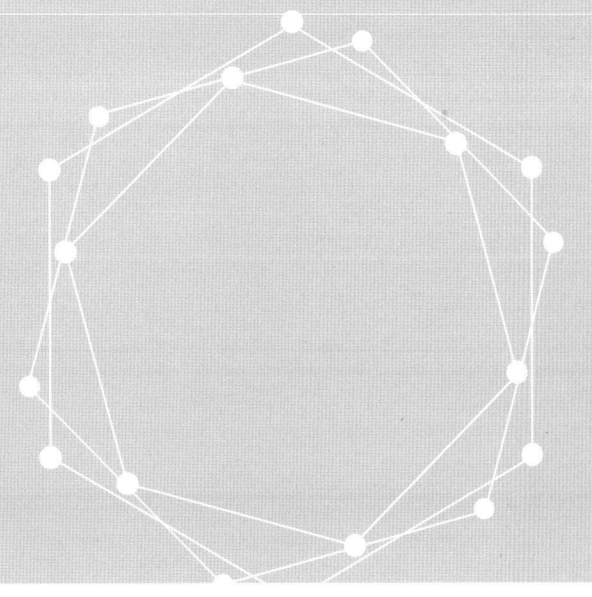

粤港澳大湾区战略性新兴产业研究

中科海世御

企业档案

深圳市中科海世御生物科技有限公司的成立实际是中科院深圳先进技术研究院的一项科研成果走向产业化的结果。为了更好地将中科院深圳先进院退行性中心的相关科研成果转化为产品服务社会，更好地将退行性中心的骨水泥、鱼油、鱼骨粉、南极磷虾壳聚糖等相关的新兴海洋健康产品推向市场，更好地贯彻落实深圳先进院建设一流工业研究院、重视与鼓励产业化发展的战略，自2012年8月开始，退行性中心在"骨与关节退行性疾病防治新技术创新团队"的基础上，开始准备成立产业孵化公司。2012年8月到2013年3月期间，相继完成了公司建立的前期规划，积极拓展合作渠道，并确定了公司产业化方向、完成了公司的选址及相关GMP厂房规划和相关的注册工作。

2013年3月，深圳市中科海世御生物科技有限公司正式成立，业务范围涵盖海洋源保健品、生物制品的技术开发、生物科技产品的技术开发、生物信息电子产品、材料化工产品、医疗用品和医疗器械的相关技术咨询及技术服务、技术转让等。2013年12月，公司为更好地进行海洋功能食品及保健品的研发生产，成立专注该领域的子公司——深圳市海优康生物科技有限公司。该子公司位于深圳市大鹏新区海洋生物产业园，秉持"源于海，精其优，助人康"的理念，致力于打造中国高端优质海洋源系列保健品，助力国人健康。

【创业历程】
"完成从士兵到将军的转变"

国家大力支持香港成为国际创新科技中心，推动科技创新更是粤港澳大湾区建设的重要一环。自香港回归以来，中科院与香港的 6 所主要大学进行合作，从科学家之间的交流，扩展为团队合作，先后组建了一批联合实验室，为充分发挥两地优势、占据学科前沿提供了良好的基础和保障。2018 年 11 月 9 日，在中科院科技成果巡展（香港站）上，包括中科院深圳先进院在内的 22 个联合实验室取得的一批科研成果公开亮相。

在此次展出的一系列科研成果中，有一小瓶不起眼的粉末状样品，标着"深港生物材料联合实验室共同开发的生物活性骨水泥"的字样。鲜为人知的是，这骨水泥的功能非常神奇，可以增强骨缺损部位的骨量和骨密度，改善局部骨质疏松，是降低二次骨折风险的新一代可注射性骨修复材料，也是填补国内外市场空白的医用生物材料专利产品。

深港生物材料联合实验室的深方潘浩波研究员年仅 40 岁，他回想起自己于 2012 年从香港来到深圳工作，在短短 6 年时间里，走过了非常曲折的科研成果产业化道路，一手创办深圳市中科海世御生物科技有限公司。

骨水泥产品目前已完成注册检验，于 2019 年夏天进入临床研究。他发自肺腑地说："深圳先进院给了我一个带领大兵团作战的机会，这是对任何一个士兵来说都极其渴望并期待建功立业的战机！对一名年轻老师来说，独当一面在其他高校是不可能做到的。关于如何结合市场需求和国家政策扶持方向去选择研究课题，如何带领团队共同成长，先进院的一些前辈也给我们做了榜样和示范。"

踏上曲折的海外求学路

2000 年，年仅 22 岁的潘浩波大学本科毕业，第一次离开父母，踌躇满志地来到美国罗拉小镇。这里是密苏里大学所在地，是他人生中第一次需要独立面对生活的地方，也是第一次为租房子之类的生活琐事而流泪的地方。

潘浩波出生在上海一个书香世家，祖辈中有 20 世纪 30 年代奔赴延安投笔从戎的文艺青年、有知名的音乐作曲家、有知名的中国量子化学家和为了新中国建设而毅然回国的科

潘浩波博士

学家。姑父的父亲殷之文院士是材料科学家，是中国开发锆钛酸铅压电陶瓷的首创者，于 1946 年获得美国密苏里大学奖学金赴美留学。1950 年，殷之文放弃国外优越条件，与物理学家、核物理研究开拓者赵忠尧等一起冲破重重阻力，回国参加社会主义建设。由于家族里两代人都曾在密苏里大学留学，因此潘浩波出国留学也是首选密苏里大学。由于他缺乏独立生活能力，刚去美国的日子潘浩波成天为衣食住行发愁，花了 3 个月时间才学会自立。

人生总是充满波折。2003 年暑假，硕士毕业的潘浩波回国探亲，本来准备假期结束后继续回美国攻读博士学位，然而由于签证被拒，因此转道去了香港大学攻读生物材料博士学位。2007 年博士毕业后，他在香港大学医学院先后从事助理研究员、博士后研究员与研究助理教授工作。人生总是充满了变数，一次不经意的转折，也许人生将走向不同的舞台。

意外发现海洋生物骨结构秘密

潘浩波在香港的生活可谓一帆风顺，在 33 岁那年晋升为医学院研究助理教授，在同僚里算是晋升快的了。他的妻子也从内地来到香港从事儿童声乐和舞蹈教育工作，工作渐入佳境。2010 年帅气的儿子出生了，年轻的夫妻每天享受着其乐融融的幸福生活。

虽然过着衣食无忧的优越生活，然而，在潘浩波的内心深处总是有一种隐隐的忧伤，感觉生活的激情被消磨得快没了。香港的官僚体系对从内地去的老师比较排挤，这些老师往往要付出几倍的努力才能获得香港人的认可，因此潘浩波觉得自己在香港体制内很难有更大的发展和突破。

先进院医药所退行性研究中心 2019 年全家福

　　对于一个科研人员来说，最幸福的事情莫过于看到自己的科研成果转化成实实在在的东西造福人类，潘浩波也同样怀抱着这个梦想。

　　2007 年，香港海洋公园有一只海豚死亡了，被送到香港大学做研究，当时潘浩波博士刚毕业，在香港大学医学院骨科从事科学研究工作。通过 CT 扫描，潘浩波惊奇地发现这只相当于人类 80 岁高龄的海豚的骨结构竟然非常完整，完全没有骨质疏松的问题，他立即对海洋生物的骨头构成成分产生了浓厚兴趣，并开始非常关注远洋渔业。日本人喜欢吃金枪鱼，那么他们普遍高寿是否与吃金枪鱼有关系呢？顺着这样的思路，潘浩波重点研究海洋生物医用材料，尤其是针对骨质疏松寻找新的解决办法。

"经过研究发现，海洋生物没有骨质疏松问题，究其原因可能和海洋环境息息相关。海水的 pH 值比人体血液 pH 值略高，在进一步的研究中发现碱性微环境可以促进干细胞成骨分化，并抑制过度活跃的破骨细胞。这样一来就大大增强了海洋生物的成骨能力。此外，海洋里的锶含量是陆地土壤锶含量的 10 倍，锶元素富集于海洋生物的骨头中，科研组进一步研究发现锶可以促进干细胞成骨分化，那么就可以围绕着微环境和海洋微量元素来开发新型骨修复材料。"

其实，骨质疏松是全球面临的最严重的退行性疾病之一。随着老龄社会的到来，其日趋增多的趋势非常明显，而且骨质疏松性骨折还具有较高的致残率和死亡率，降低了患者的生活质量，也对家庭和社会造成沉重负担。根据预测，到 2020 年，我国每年将花费 125 亿美元于骨质疏松性骨折的治疗，到 2050 年，将变为 255.8 亿美元。

研究发现，骨质疏松性骨折的根本原因是骨密度降低。常规使用的包括 NovaBone 等在内的生物材料产品，经手术植入后能够解决患者骨折的复位，但存在着生物活性不足、界面结合及力学性能与复杂植入环境的不匹配、容易发生骨不连及纤维化等问题，因而不能从根本上解决由骨质疏松引起的骨密度下降。骨密度的降低与骨骼组织的稳态失衡有关。在骨质疏松条件下，破骨细胞活性远远超过成骨细胞，从而造成骨量持续丢失、骨微观结构退化、宏观力学性能下降的病理状态。因此，临床上治疗骨质疏松性骨折除采用复位、固定、功能锻炼等基本手术及康复治疗之外，还需要配合抗骨质疏松的药物治疗，以改善骨稳态的失衡。根据调节手段，抗骨质疏松药物分为抗骨吸收类药物、促骨形成类药物，以及既抗骨吸收又促骨形成类药物。但这些药物的辅助治疗效果有限，且长期使用后存在

潘浩波博士的工作室

较大的毒副作用。

潘浩波知道，作为内固定或内填充的生物材料是与骨组织直接接触的。因此，相对于药物治疗，植入材料更能直接影响骨折部位微环境的稳态平衡，有望从根本上解决骨质疏松症引起的骨密度下降，并成功修复骨组织这一临床难题。

生物活性材料可以通过释放锶、镁、硼等微量元素来促进骨组织再生。潘浩波经过几年的研究，在骨修复生物材料研究方面积累了一些优秀的科研成果，其成果却无法在香港顺利产业化。虽然有了一支小团队，但除了发表一些学术论文之外，没有什么机会从事成果的产业化转化工作。潘浩波的博士后导师于 1994 年从加拿大回到香港工作，花了 10 多年时间想把科研成果转化成医疗器械产品亦是困难重重，根本走不通产业化这条路。

30 岁出头的潘浩波感到苦闷彷徨，恰巧在这个时候，深圳先进院的王立平教授于 2011 年到香港大学做学术交流。王立平告诉他说："先进院是海外求学的年轻人回国发展最好的平台，这里能帮助年轻人快速地成长，而且先进院的定位是工业研究院，特别支持科研成果产业化。更难得的是，先进院明确了 IT（信息技术）和 BT（生物技术）的强交叉、深交叉，通过多学科交叉，我们可以找到很多闪光点去深入研究，因为年轻人最善于把握前沿的思路。"王立平的这番话深深打动了潘浩波。

转战深圳推动成果产业化

从心动到行动，其实要走很艰难的一段路。如果决定来深圳先进院工作，潘浩波首先想到的是应该如何安顿好妻子和孩子，也许等自己适应了深圳，再接妻儿过来是最妥当的做法。

于是，潘浩波于 2012 年先到先进院参加生物医药与技术研究所的筹建工作，每个周末从深圳再回到香港的家里与妻儿团聚。那段时间，潘浩波异常辛苦，既要招聘人才，组建团队，又要搭建实验室平台，从事科研工作，每次回到香港的家中都觉得全身累得快散架了一样。

妻子心疼地嗔怪他说："你放着清闲的香港教授不做，非要受这份折腾罪。"其实，除了累，他心里还有沉甸甸的收获，因为每天都是崭新的，每天都是有点滴进步的，每天心里的感受是不一样的，与团队一起成长、一起拼搏，把科研成果一步一步推向产业化……潘浩波与妻子分享着自己在工作中的苦乐与感悟，妻子渐渐能理解和支持潘浩波从事自己所喜爱的工作了。

2013 年，潘浩波告诉妻子，他想放弃香港身份全身心投入先进院医药所的工作，妻子也点头同意了，并且答应带着孩子一起跟他到深圳生活。潘浩波去上海市公安局办理户口迁移手续，公安局的工作人员告诉他，从海外身份转回上海，又从上海转入深圳户籍，他是第一人，"你可要想好了！"潘浩波非常坚定地点点头，他清楚内心的声音，现在没有什么能阻挡他做产业化的脚步，哪怕一个月只能在家待 3 天，哪怕成天飞来飞去组合资源，哪怕每天睡眠严重不足，他都觉得甘之若饴，因为他在做一件非常有意义的事情，那就是把多年的科研成果转化为实实在在的产品造福人类。

团队领头羊的铁骨柔情

2013年春天，年仅35岁的潘浩波在先进院组建了深圳市海洋生物医用材料重点实验室，被先进院聘为主任。同年，又担任了医药所副所长一职。那一年，已经决定到深圳工作的他说服了妻子，放弃在香港优越的居住环境，在深圳龙华新区安了家。

潘浩波第一次把父母从上海接到深圳新家来参观，老人乘车穿过熙熙攘攘的街区，来到潘浩波新购置的房子，虽然家具电器一应俱全，可老人仍是摇头，因为过去儿子在香港的生活条件非常优越，如今的居住环境与往昔相去甚远。

白发苍苍的父亲深情地对潘浩波说："你把每一步都要想好，如果决定了就不要后悔，也不要有后顾之忧，就算失败了，回到上海爸爸妈妈也能给你们的小家庭提供良好的生活条件。"父亲的这番话，让潘浩波非常感动，既有对他创业的鼓励和支持，又有对独子的万般呵护。

潘浩波送年迈的父母回上海后，又满腔激情地投入到先进院火热的工作中。2013年5月，发生了一件很开心的事情，他的团队招聘来的第一个博士阮长顺从意大利学成归国，还是回到了先进院这个平台上。阮长顺于2012年3月从重庆大学生物医学工程专业博士毕业，被潘浩波招聘到先进院来工作，他非常认同潘浩波组建的"人体组织与器官退行性研究中心"的"夕阳人群的朝阳产业"发展模式。这个中心汇聚了生物材料专业、临床医学专业和生物学专业等多种学术背景的人才。工作后没有多久，阮长顺拿到了罗马第二大学的offer，邀请他做博士后，阮长顺觉得还没有给先进院做什么贡献就要匆匆离开，他不知道如何向潘浩波开口，心里十分忐忑不安。

出乎他意料的是，潘浩波知道了这件事情后，很爽快地说："这是好事情啊，走出国门学习最新的知识对你会非常有帮助，这也是人才发展的新趋势，我会给院里说明情况，保留你的位置，只要你学成之后还愿意回来，先进院一定会欢迎你。"就这样，阮长顺顺利到了意大利罗马第二大学攻读高分子物理与化学专业的博士后，毕业之后，他义无反顾地回到了先进

潘浩波博士（左一）与研究团队成员合影

院，与潘浩波并肩作战。

阮长顺在先进院带领一支团队专攻三维生物打印制造人工类组织，4年里就取得显著的新进展。研究团队通过生物打印优化设计及诱导型生物墨水的研发，构筑精确排布成骨细胞的"活"人工骨组织。制造的"活"人工骨，不仅维持细胞短时间的高存活率（24小时内大于95%），并能实现细胞长时间的体内外功能化，促进新骨再生。"将成体细胞或干细胞与生物材料复合作为生物打印墨水，制造具有功能的人工组织与器官是当今组织修复再生的研究热点和发展趋势。然而，如何维持通过三维打印后活体细胞的短期活性，并实现三维打印人工类组织在体内外的长期功能化，是限制三维生物制造研究应用的瓶颈。阮长顺课题组从事三维生物打印及生物材料墨水的相关研究，先后探索生物材料降解性能调控细胞行为和三维打印构建高强度纳米复合水凝胶的人工骨组织研究。研究中，他们团队搭建了一种多通道、常温成型的三维生物制备系统。基于该平台，通过材料优化构建，实现以活性的高强度水凝胶/纳米硅镁盐复合生物墨水构建稳固的骨修复支架支撑体系（第一通道）和以生物相容性优异的透明质酸包裹均匀分散的成骨细胞为维持细胞存活体系（第二通道）。两通道交替打印，实现含细胞的"活"人工骨组织。前期，透明质酸提供细胞保护，维持高细胞存活率和精确排布。后期支撑体系控释骨修复活性离子（镁、硅离子等），促进细胞分化和功能化。进一步的体内动物实验证实，该"活"性骨组织，不仅具有在骨缺损部位优异的修复能力，还能实现异位新骨生成。因此，该研究将推动三维生物制造技术在组织修复再生中的应用。"

潘浩波对阮长顺近年来的研究成果娓娓道来，在他的心目中，像阮长顺这样的团队成员都是他的好兄弟。自幼是独生子的他，对手足情的体验在团队组建过程中体会得最深，他觉得这些年轻人从大学一毕业就跟着自己干，自己应该给他们一个明确的奋斗方向、一个更美好的未来，他感受到肩头上所承担的巨大责任和无穷动力。

从一个人到一百余人的团队，而且建立起如亲兄弟般的关系，这是最让潘浩波感到自豪的地方。如今，这个团队已经在多个学术方向取得进展，比如在骨水泥、3D 生物打印、退行性疾病机制研究等领域都取得了突出的成绩。6 年来，一共获得国家各级政府提供的科研经费支持近亿元，大家在一起做了很多有意义的研究。

在深圳市孔雀创新团队的支持下，潘浩波团队成功开发出二代生物活性骨水泥，专门用于骨折病人微创手术。比如，腰椎塌陷性骨折病人，可以通过微创手术，将骨水泥注入塌陷骨折部位，待材料固化后，患者两三个小时后就可以回家休养了。2013 年年初，潘浩波团队孵化高新技术企业中科海世御生物科技有限公司，从事海洋生物医用材料研发与产业化，公司位于宝安区桃花源科技创新园区，占地近 1000 平方米，其中洁净度达到 10 万级的 GMP 中试车间约占 400 平方米。材料检测室和生物检测室均配备先进精密仪器，对产品出厂前进行严格检验，将相关科研成果转化为产品服务社会，保证研发的骨水泥、鱼油、鱼骨钙剂、南极磷虾壳聚糖等新兴海洋源相关产品的最高品质。公司秉持为人类健康做更多贡献，把"做以健康为主旨的事业"作为公司的宗旨，努力将优良的海洋源生物保健品及相关医疗用品推向市场，更好地服务社会。2019 年第二季度，二代生物活性骨水泥正准备上临床试验，预计于 2020 年年底可以拿到第三类医疗器械证书，两年后有望进入临床应用，造福广大骨折病人。

除了医用的生物注射材料，潘浩波还瞄准了更大需求的海洋保健品市场。金枪鱼骨头可以提取不饱和脂肪酸，其中富含 DHA 和 EPA，DHA 可以帮助延缓大脑衰退，EPA 可以软化血管的斑块，因此可以生产海洋功能保健品。近年来，先进院退行性中心积极研究海洋类产品，致力于开发与海洋相关的骨病防治材料，已研发出有效延缓骨质疏松的特效药物纳米锶钙配方。为进一步开拓海洋生物材料在临床医学领域的运用，充分利用沿海省市海洋生物资源优势，实现对海洋资源的优化配置，退行性中心将

潘浩波博士在 2018 年中国生物材料学会医用金属材料分会学术年会上发表演讲

研究重心放到金枪鱼骨头废料综合利用及其衍生产品产业化研究、金枪鱼加工废料精炼鱼油、高纯壳聚糖生物医用材料开发等方向上，对虾壳、金枪鱼骨和鱼头废弃物进行综合利用，开发金枪鱼鱼油、纳米锶钙配方及高纯天然保健海洋食品系列的生物医学功能产品，以期在老龄化社会快速到来的今天，促进生物医药临床与生物产业经济发展，造福民生。把"做以健康为主旨的事业"作为公司的宗旨，努力将优良的海洋源生物保健品及相关医疗用品推向市场，将海优康打造成海洋生命健康的重要平台，争创海洋源生物保健品的一流品牌，更好地服务社会。

潘浩波常常对团队的成员说："现在是我国生物材料产业发展最好的时代，国家也一再强调成果转化，我们要感谢先进院提供了很好的体制机制，鼓励我们将学术研究与产业紧密结合，个人科研水平成长了，成果又产业化了，也造福了社会，我们内心的成就感会很大，这也是我们持续努力拼搏的动力源泉。"潘浩波与团队成员就这样肩并肩、心连心地战斗了无数个日夜，虽然早生华发，可内心感觉又重拾了年轻时的激情和梦想。

潘浩波对妻子充满感激地说："先进院是海外求学年轻人回国发展的最好平台，有才华和志向的年轻人可以在这里实现从士兵到将军、再从将军成长为元帅的转变。当然，这不是拔苗助长，而是提供一套良好的体制和机制，促进人才的茁壮成长。我要感谢你对我创业梦想的理解，而且支持我在比较年轻的时候就加入先进院的平台，让我实现了从士兵到将军的梦想！"

【专家眺望】
临床需求掌握着研发方向的"指挥棒"

潘浩波博士既是生物活性骨水泥的发明人，又是深圳市中科海世御生物科技有限公司的创始人，浸淫在深港两地科研成果产业化工作中多年，那么，他对粤港澳大湾区医用生物材料的研发和产业化有哪些宝贵的建议呢？

工作异常忙碌的潘浩波博士开门见山地说："我们的研发工作曾经也走过弯路，想当然地要搞替代型的新兴生物材料，后来才发现我们的研发工作必须由临床提出需求，这是医用生物材料发展的未来方向，也就是说临床需求掌握着研发方向的'指挥棒'。"

研发曾走了 10 年的弯路

潘浩波介绍，医院过去用的骨水泥，学名叫聚甲基丙烯酸甲酯（polymethylmethacrylate，简称"PMMA"）。1951 年，瑞典人 Klaer 用 PMMA 作为髋关节假体固定材料；1958 年，德国骨科医生 Charnley 深入研究并推广使用，从而使骨粘固剂固定假体置换获得成功。潘浩波在做博士研究的时候，曾想作为传统骨水泥的 PMMA 材料是 20 世纪 50 年代发明的，而且是由骨科医生发明的，虽然 PMMA 的力学性能很好，但材料太硬，又不能促进骨折部位的骨组织再生，因此作为材料学专业的博士毕业生潘浩波希望发明一种新兴骨修复材料来取代 PMMA 材料，该材料要兼具安全无毒、强有力的力学支撑和具有生物活性等多种优点。

经过 10 年的摸索，他终于发现自己当初的想法实在太天真。他坦言："实践证明，没有更好的材料超过 PMMA 来做骨水泥，虽然 PMMA 也存在着这样那样的缺点。"

潘浩波说道："PMMA 材料的缺点主要是将作为骨水泥的 PMMA 填充进身体后，由于材料没有活性，材料容易发生位移压迫邻近椎体，进而引发疼痛，而且由于骨水泥材质太硬，对周围疏松骨的挤压易引起周围微骨折，所以术后三五年内再次发生骨折的概率较高。"

生物材料研发一定要由临床提出需求

研发工作半途受挫的潘浩波并没有灰心，而是来到深圳的医院里，认真倾听来自临床医生的真实需求。

骨科医生告诉他说："应用于骨质疏松性骨折修复的生物材料，并非针对改善骨稳态失衡而设计。临床上使用的钛合金、钴合金以及不锈钢等，在应对骨质疏松患者的手术中，病人失衡的骨稳态还会严重影响材料与骨组织的整合能力，导致假体的固定不够牢固等问题。骨质疏松性椎体骨折在临床上常用聚甲基丙烯酸甲酯（PMMA）骨水泥经皮椎体成形介入重建椎体，但其高模量和刚度易导致局部微骨折和邻近椎体的压缩骨折。"资料显示，仅 2015 年，全国就有 25 万例 PMMA 脊柱填充手术，术后两三年出现的临床问题包括再骨折、再塌陷、骨折不愈合、疼痛复发等，这一系列的临床问题让潘浩波触目惊心。

通过实地观察，潘浩波发现医生本人难以启齿的一个实操难题，就是骨水泥在用于微创手术的时候，聚合时会产生 90 摄氏度的高温，而且注射时间大约在 90 秒之内，也就是说对医生的操作水平要求非常高，如果时间掌握不好，骨水泥有可能会对病人造成灼伤。"骨水泥由白色粉末和无色带刺激气味的液体两部分制剂组成，使用时，只要按一定比例，将它们倒在一起调和，即可在室温下发生聚合反应。开始像砂浆，进而如同稀粥，接着变成面团一样，可以揉捏、挤压成任意形状，最后逐步固化，这个过

2019 年 1 月 10 日参加在上海召开的科技部国家重点研发计划项目的启动会

程在微创手术中大约就是一分半钟。"

潘浩波多次到医院观察医生给脊椎骨折患者做微创手术，与医生反复沟通临床需求。他了解到，近年来国际上的一些著名企业将羟基磷灰石引入 PMMA，先后开发了 Activos、VertecemV+、Spine-fix 等产品，虽然改善了材料与骨界面的结合性能，但其仍缺乏界面诱导性能。

潘浩波为科研团队研发设定了新的目标，那就是为了增加材料的活性，必须给 PMMA 材料做改性研究，要释放出活性因子，能促进骨融合，从而降低再次发生骨折的风险。

潘浩波的团队近年来共同研发了一类含锶纳米生物活性玻璃 /PMMA 骨水泥，在力学、固化时间、界面诱导骨整合、提高周围骨量及自显影等方面显示出优越的特性。针对骨质疏松性骨折的治疗，赋予修复材料既具备力学支撑性能，同时还具有改善局部微环境平衡骨稳态能力的新一代产品是发展趋势，具有广阔的应用前景。

从想法到动物试验处处充满创意

在深圳先进院的医药所里，潘浩波团队中既有高分子材料专业、工程专业人才，还有医疗专业、化学专业和海洋专业等多种学科的科研人员，他们从各自的专业角度出发，共同探讨提出了一种含锶纳米生物活性玻璃的理论创新思维。也就是说，以非晶态玻璃网络结构与组成的协同设计理念为指导思想，结合溶胶凝胶和模板法等制备技术，构建一类基于纳米生物活性玻璃材料的以高活性、组成可调、降解可控为特征，可治疗和预防骨质疏松的可注射型纳米生物材料及理论体系。通过深入阐述纳米生物活性玻璃材料在营造体内局部微环境和释放离子在调控细胞行为、促成骨机制及协同效应等的规律，为材料科学与分子生物学、临床医学等多学科交叉提供实践探索和理论依据。

从理论创新到技术创新和产品创新，是经过无数次试验摸索出来的。潘浩波介绍，利用生物活性玻璃的纳米效应，调控材料的自固化过程，优化骨水泥的可注射性、凝固时间和综合力学性能。通过调控纳米生物活性玻璃的化学组成、粒径和浓度等参数，实现材料的可控降解和基体骨代谢功能元素的可控释放，以获得更高的成骨和微血管表达。

深圳市中科海世御生物科技有限公司是专门为了纳米生物活性玻璃的产业化而诞生的。中科海世御公司总经理王践云介绍："纳米生物活性玻璃是一种全新的生物活性材料，要把它成功地应用到临床上帮助患者，必须有相应的配套器械和工艺方法，因此我们在产品创新层面做了大量卓有成效的工作，针对骨质疏松性骨折的不同微环境，我们在国内外首次开发出分别针对脊柱、关节和长骨干骺端骨折治疗的可注射型纳米生物材料和相关配套器械；开创性地将生物活性玻璃引入传统 PMMA 骨水泥用于骨质疏松性脊柱椎体骨折治疗和关节假体固定，以增强骨水泥的活性以及与宿主骨之间的结合力；开创性地结合中空骨螺钉和自固化可降解生物活性骨水泥实现长骨干骺端骨折的微创修复重建。"

为了证明生物活性玻璃局部的有效性，潘浩波带领团队做了多次小鼠试验，给骨质疏松的小鼠模型植入纳米生物活性玻璃，明显看到小鼠骨量增加，骨质疏松症状明显缓解。

接下来，要用大动物试验来验证生物活性玻璃材料的安全性如何。由于山羊脊椎受力情况是除了灵长类动物之外与人类最接近的，因此科研团队决定选择山羊做纳米生物活性玻璃的大动物试验。

"在山羊脊椎上人为制造一个缺损，把生物活性玻璃骨水泥填充进去，3个月后，发现山羊的活动能力与正常山羊没有区别，而且从组织学切片检测看，骨修复效果也非常良好。"潘浩波语气乐观地说，"我们还在广西柳州一家医院做了另外一只山羊的试验，就是腿部有大段骨缺损的山羊模型，在植入3D打印的生物活性玻璃支架后观察能否促进缺损骨的修复。这个试验需要观察一年的时间，如果效果良好，说明生物活性玻璃不仅可以用于脊椎骨折的微创手术，还能用于成骨再造等大型骨科手术，以有效地促进骨修复。"

针对临床上的具体需求，潘浩波团队对产品进行设计的时候考虑到要提高手术安全性的目标，生物活性玻璃骨水泥具有较低的成型温度，70摄氏度可以固化成型；具有合适的成型时间，从90秒延长到2～3分钟。这些指标都明显高于国外的同类产品。

进口替代的产业化意义巨大

生物活性玻璃骨水泥材料产业化意义非常深远。通过项目实施，将从本质上治疗或预防因骨质疏松而导致的骨折问题，特别是在国际上能率先采用具有完全自主知识产权的新型生物活性玻璃为原料，研发可注射型生物活性玻璃基骨水泥。通过组成设计和降解调控，营造体内局部微环境和功能离子释放，介导干细胞定向分化，诱导新骨和局部微血管形成，最终实现骨质疏松性骨折的预防和治疗。研发产品一旦获得突破性进展，在国内外将成为材料效应和先进临床理念相结合的典范，具有重要的科学价值。

随着老龄化形势的加剧，临床上对用于脊柱、关节和长骨干骺端等骨折的植入器械需求量巨大。然而，目前我国此类疾病的 80% 以上都选用进口且被垄断的高端产品。潘浩波团队做的研究工作，有望获得具有促进成骨细胞增殖且诱导骨组织再生的可注射型纳米生物材料产品及配套器械，在预防和治疗骨质疏松性骨折方面达到国际先进水平，以满足骨科临床的迫切需求。作为自主创新的具有国际先进水平的国产产品，能够有效恢复患者的劳动能力、自理能力，从而改善患者的工作、生活质量，在降低国家医疗和社会保障负担方面具有重要的社会意义。

此外，进口替代的骨科材料产品具有巨大的经济效益。我国每年的组织器官修复和移植需求量超过 1000 万例，并在不断增长。2015 年我国医疗器械市场销售额为 3080 亿元，其中骨科材料及植入器械约为 200 亿元，未来我国医疗器械市场将以每年 20% 左右的速度增长，至 2025 年将成为万亿级市场，显然属于快速增长型市场之一。尽管如此，我国现有的万余家医疗器械企业仍以"多、小、散、低"为主，产品集中在中低端，高端产品比重低，这与我国医疗器械行业的创新水平偏低等因素有关。

面对发达国家医疗器械产业的高度垄断，发展新产品和新技术是国内企业生存和发展的必然途径。科技部已经将潘浩波领衔研发的新颖可注射型生物材料列入 2018 年度国家重点研发计划，上海市第六人民医院张长青院长担任首席科学家。项目于 2019 年夏季进入临床试验阶段，符合国家食品药品监督管理总局《医疗器械优先审批程序》，进入绿色通道，加速注册审批，最快于 2020 年年底可获得第三类医疗器械注册证。我们可以欣喜地期待，新颖可注射型生物材料及其配套器械的成功推广，将对国内医疗器械行业的产业结构调整起到积极的推动作用，同时作为高技术附加值的新兴产业，也有望对国家经济及社会公众的健康安全起到引领作用。

05　华迈兴微：
用颠覆式创新进军
即时检测领域

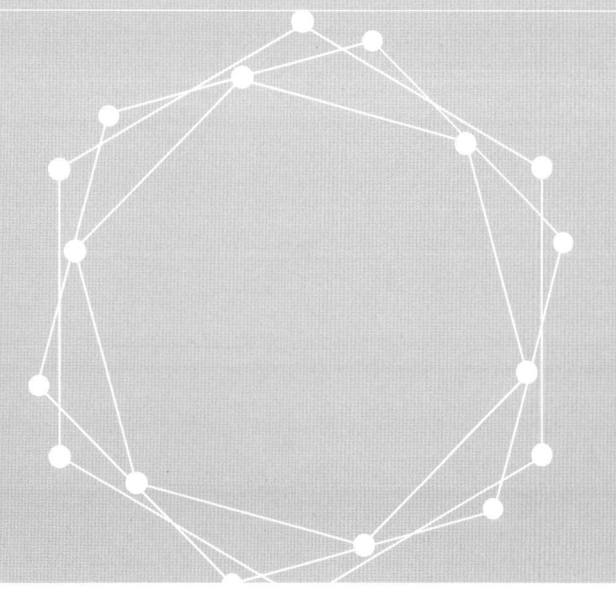

粤港澳大湾区
战略性新兴
产业研究

企业档案

华迈兴微

　　深圳华迈兴微医疗科技有限公司于 2014 年 12 月正式成立。华迈兴微致力于即时检测（POCT）领域全球首创的微流控化学发光免疫分析仪及配套新型微流控芯片诊断试剂的研发、生产与销售。华迈兴微公司在深圳南山科技园和坪山国家生物产业基地有研发办公场地面积 1500 平方米，万级 GMP 标准洁净实验室及生产车间 2500 平方米，试剂芯片生产采用定制自动化流水线生产设备，确保产品质量。同时，公司具备极强的自主创新能力，研发团队汇集了光学、电子、计算机、机械、化学、生物医学、检验医学等 15 个专业领域的博士、硕士及海归人员 50 余名。

　　华迈兴微创立伊始，就以"让高科技医疗技术惠及大众"为使命，立志成为世界一流即时检测（POCT）生命科技企业，实现高端医疗器械领域全球创新，让"微流控芯片、化学发光"等先进技术具有可及性，让高性能医疗技术更具有普及性，从而践行"让高科技医疗技术惠及大众"的企业使命。华迈兴微公司产品自 2017 年 4 月在上海举办的第 78 届中国国际医疗器械（春季）博览会第一次亮相以来，获得了业内专家、同行的高度认可和关注。

【创业历程】
李泉：体外诊断设备领域的"黑马"

汽车制造专业出身的李泉，于 1999 年来广东打工之时，一个非常偶然的机会进入深圳迈瑞生物医疗电子股份公司做工程师，从此进入了医疗器械产业，命运在这里拐了一个弯。

李泉并不是天生爱折腾的人，但后来因种种原因在深圳创业了 3 次，前两次都以惨败收场，第三次创业因为非常偶然的因素，进入了一片蓝海市场。他一手创办的深圳市华迈兴微医疗科技有限公司成为体外诊断设备领域的"黑马"，研制出全球第一台微流控化学发光分析系统，5 年内获得元禾圆点、中兴合创、达晨、盈泰泓康、国中创投等机构的 4 轮投资，企业估值数亿元。

他的故事告诉了我们什么叫"偶然中的必然"，也诠释了在创业道路上具备坚持不懈的精神有多么可贵。

当工程师 7 年 研发取得突破

1999 年春节过后，李泉按捺不住对外面世界的向往，独自一人踏上了去广州的道路。坐在飞驰的火车上，他望着窗外，过去几年的生活就像窗外的风景一样一幕幕地闪过：1992 年从武汉理工大学机电专业毕业，根据专业对口原则，李泉被分配到柳州一家国有汽车发动机制造厂，做技术研发 7 年。在国企工作虽然工资不高，可平时使用的软件、设备都是最先进的。这为他后来进入民营企业做研发奠定了扎实的功底。

2019 年 1 月李泉在华迈兴微年会上致辞

他风尘仆仆地来到广州，一心想应聘进入广州本田公司工作，因为广州本田的工资是月薪 3000 元，而他过去在柳州只能拿不到 400 元的月薪。然而，让李泉失望的是，广州本田因一个意外原因并没有录取李泉，他只好来到深圳寻找新的工作机会，入住福田区下沙的一家小旅馆。从旅馆走出来，李泉远远地看到福田人才市场，走过去看到的第一个招聘广告是迈瑞公司招聘机械工程师，他尝试着投了一份简历。

由于他熟悉最先进的三维设计软件，迈瑞很快就录用了李泉。他进入一个最新技术项目研发小组，目标是研发中国第一台全自动生化分析仪。

李泉回忆道："这个项目难度非常大，没有人知道全自动生化分析仪应该怎么做，当时我们几个人分别负责硬件设计、软件设计、机械、光学等技术，唯独缺乏临床工程师，花了 3 年时间，做出来的东西根本不能临床使用。第 4 年年初，公司招聘了一位当过医生的临床工程师，他说了一句'生化仪不是这样的，我们要推倒重来'，这时我们已经换了 5 任项目经理。我被提拔当上了技术经理，负责全自动生化分析仪 BS-300 的整机方案设计，我的压力非常大。从我进迈瑞算起，前前后后一共花了 5 年多时间，我们才终于做出中国第一台全自动生化分析仪。"

李泉刚进迈瑞时的工资是每月 3000 元，5 年内升职为主任工程师和项目经理，月收入达到 8000 元。"在迈瑞工作我学习了很多有用的东西，迈瑞的职位薪酬体系非常匹配，极大地激励销售和研发团队，而且迈瑞的客服队伍能力很强，能快速解决客户的问题。后来我要从迈瑞出来创业，主要是想把自己更多的有创意的想法变成产品，因为那时我的年龄已经超过 35 岁，再不出去闯闯以后也不可能再创业了。"于是，李泉在 2005 年 3 月离开了迈瑞，他没有想到，这一脚跨出去，竟会面临多年的动荡生活。

首次创业被骗 教训刻骨铭心

第一次创业是摸着石头过河，一切都要亲身尝试。李泉和两个同事准备创业，发现三人都属于技术型人才，缺乏懂得营销的合伙人，于是和一家珠海试剂公司合作，双方一共投入 200 万元，开发全新高速生化分析仪。

2019 年 3 月华迈兴微在南昌参加 CACLP 展会活动

　　想法是美好的，现实却往往很残酷。珠海股东把新产品的注册证、专利申请都登记在自己公司的名下，只跟李泉他们签了一份很不规范的股权合作协议。"一年时间，产品都做好了，注册证也拿到了，珠海股东说东西不好卖，要我们做研发的 3 个人去跑市场，这时我才深深体会到了市场销售的艰难。那时我硬着头皮出去找经销商，由于不懂得营销套路，最后把价值几十万元的设备赊给经销商，却又收不回来钱。珠海股东最后对我们说公司的钱烧光了，产品也卖不出去，大家散伙吧！"

2019 年 3 月华迈兴微在南昌参加 CACLP 展会活动

李泉很不甘心，这一年多时间风里来雨里去，夜以继日地做出来的产品，竟然和自己无关，他要拷贝走自己开发的资料数据，于是 4 个人在珠海公司发生了严重的争执。李泉等 3 人拿走了硬盘赶回深圳，这一天正巧大雨滂沱，穿着拖鞋、狼狈不堪的李泉回到深圳，第一件事情就是找律师咨询如何状告珠海这个合伙人。律师听了他们的创业经历，看完协议，对李泉说："这个协议其实是一张废纸，没有落款和公章，你们无法起诉他！"这句结论犹如晴天霹雳，让李泉跌入了谷底。

此时，李泉已经没有退路了，无法再去上班，一年多没有发一分钱工资，还烧光了所有的积蓄，刚出生不久的孩子嗷嗷待哺，妻子又没有工作。那段时间，郁郁不得志的他几乎要崩溃了。

李泉说："生活会逼你变得坚强。我没有时间伤心，也没有时间抱怨，很快我在海王大厦租了一套房子注册了深圳市华擎科技有限公司，专门给别人做代工研发，开始了第二次创业。第一次创业给了我惨痛的教训，我总结出几条经验，就是找合伙人一定要志同道合，创业时一定要有懂得市场营销的合伙人，创业一定要有充足的资金，要懂得融资，否则创业的路走不长久。这是血的教训，让我在第二次创业时一开始就有了清晰的思路。"

"如果能找到合适的产业投资商，我就能开始新的产品研发计划。"他如此盘算着。2007 年夏天，深圳市蓝韵实业集团战略投资部看中了李泉这支研发团队，决定投资入股深圳市华擎科技有限公司，李泉也非常期待获得投资后能有更大的发展。

天有不测风云。就在收购前夕，李泉团队的一名成员被同行挖了墙脚，团队不再是完整的了，收购计划就此止步。

"当时，蓝韵公司要上马研发体外诊断设备，向我发出邀请，说虽然不能收购我们，但我可以去他们公司负责一个事业部的工作啊！那个时候，我对创业已经心灰意冷，我接受了邀请，进入蓝韵公司担任检验事业部副总经理兼研发总监，完成从低端到高端 LW-C 系列三代国内全自动生化分析仪的研发指导和项目管理工作。"李泉一脚跨进了大型医疗器械企业做起了高管，成为蓝韵全系列全自动生化分析仪总设计师。

一次意外邂逅　"黑马"横空出世

"前两次创业以惨败收场。我最潦倒的时候，弟弟给了我 10 万元做生活费，我觉得到深圳的前 10 年，自己都是在不断奋斗拼搏中度过，没想到的是创业把打工 7 年攒下的钱都亏光了，第一次创业在内心留下很深的挫败感，常常自责因为社会经验不足，创业被骗，血本无归。我在蓝韵安心工作了 6 年，毕竟有份稳定的收入，可以养家糊口，我不想再折腾了。"李泉已经到了不惑之年，他几乎没有想过自己还会开始第三次创业。

在他对创业失去了信心的时候，命运之神却悄悄地对李泉张开了臂膀。2013 年年底，一位叫司珂的日本留学人员托朋友在深圳找到李泉，司珂给他看了一个项目，希望李泉跟他一起就这个项目创业。司珂介绍，日本的一个技术团队花了 13 年时间、投入 2 亿元人民币开发全球第一个微流控化学发光 POCT（point-of-care testing，指"即时检验设备"），项目研发到一半，耗光了所有资金，公司也倒闭了，现在他将这个"半截子项目"带到深圳，看能否成功融资继续进行研发和产业化。

李泉了解了这个项目的研发程度，惊喜地发现一个非常有价值的地方：日本团队通过 10 多年摸索，证明了一个重要原理，就是化学发光可以做成芯片级产品。但他们采用了一种汽车工业才会用到的机械方案操控芯片，所以没有汽车研发经验的医疗器械工程师根本看不懂这个项目的设计原理。而 POCT 是分诊时代的宠儿，国内还没有很好的技术解决方案，长期以来都是罗氏、雅培等国际巨头把持着 POCT 市场，如果能把这个项目产业化，一滴血加在芯片上，就能知道检测结果，这样"傻瓜式"的操作，对广大的社康和中小医院来说，再适合不过，而且对突发心梗、心衰的病

2019 年 5 月华迈兴微参加上海 CMEF（中国国际医疗器械博览会）展会

人能及时检测，可以及时地挽救病人的生命。李泉知道这个项目的价值非常巨大，市场化潜力很可观，他的心被打动了。

李泉同意与司珂一起创业，于 2014 年年初在坪山成立了深圳华迈兴微医疗科技有限公司，李泉出任董事长。他决定先找到天使投资，再对项目重新启动研发。

其实，这个阶段对第三次创业的李泉来说，是最困难的时期，由于这个项目属于全球独一无二的创意，在市场上根本没有对标产品，因此基本上没有人看得懂这个项目，没有人相信他对产品方案的描述。李泉找投资商十分困难，近一年时间谈了几十家投资商也无丝毫进展。眼看着创业的梦想要黄了，李泉遇到了生命中的一个贵人。

那是在一次饭局上，李泉意外邂逅到了一位懂行的投资者。"吃饭时，我的旁边坐了一位女士，她是苏州元禾的投资总监，她问我是做什么产品的，我介绍了一下微流控化学发光 POCT 项目，她敏感地判断道：'这个是好东西，我要投！'原来，这位女士早前在海外最大的 IVD（体外诊断设备）制造商某公司市场部工作过，对 IVD 领域非常了解。"李泉就这样，遇到了第一位天使投资人。

在华迈兴微最需要创业启动资金的时候，元禾和中兴合创一起给深圳华迈兴微医疗科技有限公司投资了 1000 万元。从 2014 年年底开始，李泉招兵买马，对微流控化学发光 POCT 项目进行技术攻关。

李泉介绍，经过一段时间的研发，他发现了日本团队没有最终走通产业化的原因是设计方案有严重问题，例如用机械方案操控芯片就具有致命的缺陷，华迈兴微团队重新设计了全新的软件驱动方案之后，扩大了应用范围，使得平台技术得以实现。同时在芯片设计上，通过反复查找失败原因，终于发现了原始芯片设计上的重大缺陷，通过一轮一轮创新迭代，设计出完全不同于原始设计方案的全新自主知识产权芯片产品。"围绕这个技术的周边核心技术，我们申请了30多项发明专利，完整地保护了我们的技术创新点。我们可以把大型的分析仪器集成到小小的芯片上，实现了更高的灵敏度，更佳的检验效率。我们拿自主研发的微流控芯片与进口品牌的同类大型设备相对比，它在性能上完全可以媲美洋品牌。"

2019 年 5 月华迈兴微参加上海 CMEF 展会

在华迈兴微第二次融资的过程中，投资商对知识产权归属进行了清理，投资机构将海外的技术占股清理干净。2016 年年底，华迈兴微获得达晨投资、凯盈资本的 3000 万元投资，这个时候，华迈兴微自主研发的微流控化学发光 POCT 拿到了体外诊断第二类注册证。

李泉回忆，第三次创业从遇到"半截子项目"开始到遇到元禾投资者，感觉自己是无比幸运的。其实，在创业道路上，"运气 + 准备"，二者缺一不可，有机会摆在面前的时候，如果没有准备好就会错失良机；如果准备好了却没有遇到好机会，创业也不会获得成功。李泉过去失败的创业经历以及很多年的打工岁月，都让他积累了丰富的行业经验，这给他在第三次创业中实现梦想提供了充足的养分。

获投资商青睐 新品填补空白

经过 3 年的发展，华迈兴微一跃成为国内技术领先的微型化学发光分析仪生产厂家，它所研发的"极光"M2 微流控化学发光分析仪，是全球第一台微流控化学发光分析系统，具备检测精准化、小型化、操作傻瓜化的特点，重量不到 5 公斤，检测结果精准度堪比大型化学发光检验设备，被专家誉为"领跑 POCT4.0 时代"。结合手持芯片采样，芯片智能化检测，非专业人员也能轻松操作。只需指尖或静脉采集一滴血液，等待 10 ～ 15 分钟，一份精准的检测结果就能呈现在医生和患者面前。根据其检测项目不同，可广泛应用于内科、外科、儿科、妇科、急诊科、内分泌科、ICU（重症加强护理病房）、检验科等科室。

M2 上市 4 个月的时间，装机 109 家医院，其中 89 家为三甲医院，北京 301 医院、北京医院、首都医科大学附属北京朝阳医院、首都医科大学附属北京胸科医院、浙江大学附属第二医院、北京大学深圳医院、安徽医科大学附属阜阳医院……都在使用华迈兴微极光系列产品。极光系列产品助力病情快速诊断、住院患者病程床旁动态监测、疾病疗效和预后精准评估，优化临床工作流程，提升诊断效率。

　　一流的技术，在资本市场上备受青睐。2018 年 3 月，由深圳盈泰宏

2019 年 5 月华迈兴微参加上海 CMEF 展会

康基金领投，上海博威集团和山东江诣跟投的华迈兴微 A+ 轮 5000 万元融资圆满完成。

2018 年 10 月，华迈兴微 M5 四通道微流控化学发光免疫分析系统及配套芯片获得医疗器械认证，以"微流控技术 + 磁微粒分离 +POCT"三大技术标准刷新了 POCT 行业最高水平，将先进的微流控芯片载体技术与精准的化学发光免疫分析方法相结合，集成一个全新的 POCT 检测系统。

一边不断推出填补空白的新产品，一边牵手有实力的投资商，华迈兴微以越来越惊人的速度发展壮大。2019 年 5 月，华迈兴微正式完成 B 轮融资。本轮融资由深圳国中创投独家投资，投资金额 5000 万元。B 轮融资的顺利完成将对华迈兴微形成巨大利好，为公司的市场拓展、战略布局

2019 年 5 月华迈兴微参加上海 CMEF 展会

提供强大的资金保障，助力华迈兴微在激烈的医疗市场竞争中突出重围。李泉表示："2019 年是华迈兴微发展关键的一年，国中创投不仅为我们提供资金支持，更为我们带来了市场资源，这是我们所看重的，也是目前最为需要的。我们要做的且能够做的事情还有很多，接下来华迈兴微将全力拓宽产品线，突破市场壁垒；发展市场的同时构建 IPOCT 健康管理平台，与医疗、药品、医保形成连接闭环，实现互联网大健康医疗蓝图。"

　　李泉的第三次创业刚刚拉开大幕，他的小目标是在 2019 年实现微流控化学发光分析仪数千万元的销售，希望用在医院热销的 POCT 拳头产品来证明自己连续创业的价值。

【专家眺望】
即时检测产业的春天来了

　　"由于国家政策的助推，分级诊疗推动基层市场扩容，POCT（即时检测）最先受益并且持续受益，POCT 的春天来了，它的增长速度远远高于其他医疗器械的增长速度。在未来互联网医疗的时代背景下，即时检测产业将会有更大的发展空间。"深圳华迈兴微医疗科技有限公司董事长李泉兴奋地说，"未来，我们研制的芯片可以实现一卡多检，仪器通过云平台大数据的连接，可以实现慢病管理，实现智慧医疗。"

POCT 是体外诊断未来的发展方向

近年来，体外诊断设备朝着大型化和简单化两个方向快速发展，大型化即全实验室自动化流水线，适用于传统医疗模式下大医院检验科或区域检验中心集中批量处理大量标本；简单化即 POCT（即时检测或床旁诊断），POCT 可在患者身边快速得到检测结果，适用于"以患者为中心"的新型医疗模式，可应用于医院门诊、急诊、ICU、CCU（冠心病监护病房）及其他临床科室，成为医生身边的病程管理工具、精准医疗帮手。

据了解，欧美发达国家 80% 以上的检验在 POCT 上完成，中心实验室仅仅用来处理较复杂的检测。我国 POCT 起步较晚，但增长很快，年均增幅在 30% 以上，杨振华、丛玉隆等检验领域资深专家也认为在未来 5～10 年内，中国 70%～80% 的实验室检测将由 POCT 完成，基本改变现有检验市场格局。

2017 年，我国 POCT（不含血糖）市场规模约为 70 亿元，行业增速超过 25%，行业的国产龙头公司增速都超出行业增速，比如万孚、基蛋、明德，目前国产占比约为 30%～40%，随着基层市场继续扩容，POCT 行业迎来高景气度态势。由于基层医疗机构的硬件条件、医生水平、门诊人次的局限，并不适合采用大型设备，而 POCT 作为检测平台，其方便快捷的特点和应用场景灵活多变，最适宜基层医疗市场。POCT 除在医院作为中心实验室的补充外，还可用于检验科、门急诊、ICU、心内、泌尿等临床科室。随着临床需求越来越精细化，科室对检测的需求呼声越来越高。随着分级诊疗的推进，医联体或医疗集团的建设，一些具有诊疗价值的 POCT 产品也可广泛用于社康、乡镇、诊所等基层医疗机构，帮助这些机构提升诊疗水平。随着技术的发展，未来也有更多 POCT 产品走入家庭，助力健康中国的建设。

国产 POCT 发展有待技术突破

POCT 应用前景广阔，但现有 POCT 技术短板突出，急需发展，主要是市面上大多数 POCT 产品的技术还停留在十几年前的水平，实际性能与临床诊疗需求还存在较大差距。主要表现包括：

第一，检测方法学与实验室方法学不一致，结果不精准无法作为直接

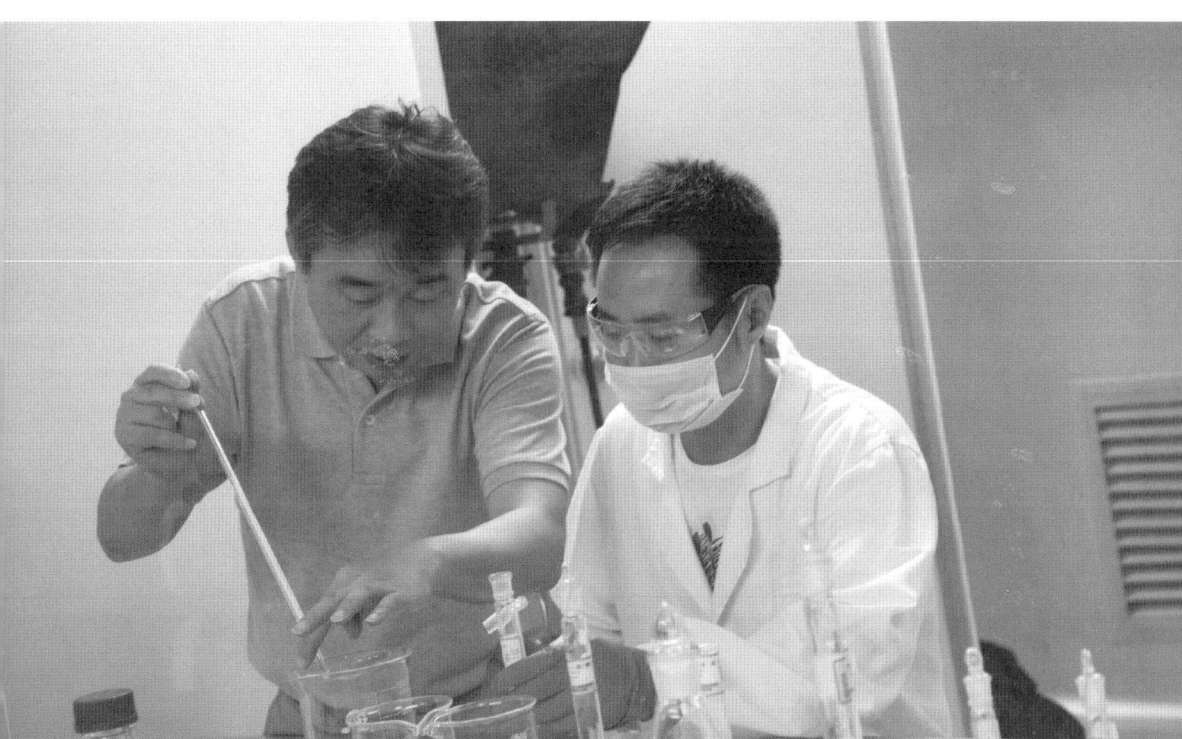

2019 年 6 月华迈兴微研发现场

2019 年 6 月华迈兴微研发现场

诊断依据。"实验结果质量必须有助于优质的医疗服务，不准确和不可靠的结果甚至比不做测试更糟。"李泉介绍，大部分 POCT（免疫类）采用胶体金、免疫荧光等落后的低端技术平台，检验结果只能做到定性或者半定量，无法精准定量。而国内二级以上医院中心实验室免疫分析近几年正全面普及应用的主流的化学发光分析方法，在欧美已基本取代其他免疫技术。经过实践检验，该方法可实现免疫分析检测的精准定量，且结果稳定。市场现有 POCT（免疫类）产品方法学差异巨大，性能不具备可比性。临床医生通过现有 POCT 初筛怀疑为阳性的患者均需要重新在实验室大型化学发光仪器上检测才能确诊，造成很大的人力、物力、财力资源的浪费，而阴性结果漏诊风险也较高，这是目前 POCT（免疫类）产品没有在临床广泛开展使用的主要原因。

第二，无法实现检验结果互认，阻碍医联体建设进程。2017 年 4 月 26 日，国务院办公厅发布《国务院办公厅关于推进医疗联合体建设和发展的指导意见》，第四条提出"实现区域资源共享。医联体内可建立医学影像中心、检查检验中心、消毒供应中心、后勤服务中心等，为医联体内各医疗机构提供一体化服务。在加强医疗质量控制的基础上，医联体内医疗机构间互认检查检验结果"。在医联体建设中，医联体内部检验结果认可是很重要的环节，而目前大部分二级以下医院 POCT 采用低端技术平台，检测结果无法在医联体内高一级的医院得到认可，不利于医联体的建设进程。

第三，目前的 POCT 操作不够便捷，需要专人管理。目前，很大一部分 POCT 很难兼顾精准和易用这两个核心优势，检测结果精确度提升往往会牺牲操作的便捷性，少部分以化学发光技术为分析平台的 POCT 产品，实际并不符合"在患者身边、操作简单"等 POCT 特征，往往体积庞大，操作复杂，检测样本多为血清或血浆，需进行样本预处理，必须由专人操作并定期维护管理，应用成本较高，丧失了 POCT 产品的核心优势。

因此，理想的 POCT 产品应具备精准、易用、与实验室方法学一致等特点，才能为临床工作者提供应有的诊断服务。

高端制造和创新是未来的大趋势，POCT 产品的准确度和重复性一直是产品应用的痛点，因此技术的变革和提升也是未来变革格局的重要因素。国家发改委印发的《增强制造业核心竞争力三年行动计划（2018—2020年）》，明确指出支持高通量基因测序仪、化学发光免疫分析仪、新型分子诊断仪器等体外诊断产品，高精度即时检验系统（POCT）等产品升级换代和质量性能提升。政策推动、竞争推动都是未来 POCT 产品不断完善和提升的原动力，而近几年推出的创新通道、绿色通道等鼓励政策，将加快创新医疗器械审评速度。

颠覆式创新拥有巨大的市场前景

李泉介绍，当初日本留学人员司珂找到并邀请他做即时检验设备的创业，之所以选择深圳，是因为深圳是国内医疗器械产业重镇，不论是产业规模还是医疗器械的种类都居国内领先地位。他介绍了一组有关深圳医疗器械产业的最新数据：2018 年，深圳市医疗器械行业产值突破 400 亿元，占我国医疗器械市场总规模约 8%，年复合增长率超过 12%。2018 年深圳市取得第一类医疗器械产品生产备案及第二、第三类医疗器械生产许可证的企业再创新高，已达 800 余家。

在深圳良好的创新环境里，深圳华迈兴微医疗科技有限公司开发出全球首创微流控芯片化学发光免疫分析系统，开启了 POCT 精准检测新时代，实现了理想 POCT 应具备的所有功能。它将精准的化学发光分析方法与先进的微流控芯片技术集成一个全新的 POCT 检测系统，通过精准的分析方法与智能化的分析载体结合，实现了床旁诊断"精准、易用"的性能，为广大医生的日常诊疗工作和临床科研工作提供了一个"病程管理好帮手，精准医疗好工具"。

采用全球首创的独家专利技术——微流控芯片磁微粒化学发光技术，将目前最主流、最精准的化学发光分析方法集成到微流控芯片上来完成，

2018 年 1 月华迈兴微全体员工在东莞观音山举行年会活动并合影

实现了主动式的免疫反应,大大提高了灵敏度和准确性,实现了复杂技术的简单化操作与应用,开启了 POCT 精准检测的新时代。

2018 年 12 月,华迈兴微进驻北大深圳医院检验科进行临床试用,对比机型罗氏 E601,实时验证每一批次的仪器和试剂卡结果可靠,斜率接近 1,相关系数达到 0.99,结果与罗氏大型仪器非常接近,成为行业标杆。"临床试验数据显示,检测性能与免疫诊断的金标准罗氏大型电化学发光仪器对比一致性良好,精准定量可直接作为诊断依据。 而且罗氏 E601 售价超过 200 万元,而华迈兴微的价格不到 10 万元,设备体积只有罗氏同类产品的 1/20,操作更加简便,护士经简单培训即可操作,无须专业人员维护。"李泉自豪地介绍。由于华迈兴微研制的微流控芯片化学发光免疫分析系统采用主流的检测方法学,与中心实验室方法学一致,区域内或医联体内各

2017 年 8 月华迈兴微全体员工在玫瑰海岸参加户外活动并合影

级医院应用的检测结果可以和大型化学发光仪器对比，结果具备临床参考性，可在医联体内通用互认，全面助力医联体建设。

华迈兴微在单通道设备基础上开发多通道设备，于 2018 年年底开发出 M5 四通道微型化学发光分析仪，并获得医疗器械注册证；试剂检测项目可由心脏标志物的检测扩展至炎症 / 细菌感染、机体免疫功能、传染性疾病、内分泌功能、肿瘤标志物、性激素等的检测；未来计划拓展试剂卡芯片微型化、芯片多通道设计及一个通道多项目等。

2019 年 5 月，中国基层医疗创新实践峰会在广州举行，华迈兴微在峰会上荣获"智慧即时检测工具奖"。华迈兴微通过微流控化学发光技术，取一滴血滴在试剂卡上，进行即时测试。试剂卡可以理解为"芯片实验室"，一个很微缩的实验室，其检测方法学和大型设备是一样的，新技术的发展让检测环境微型化、集成化成为现实。

远程医疗不再是空中楼阁

国际著名的咨询公司德勤咨询发布了《2020 年健康医疗预测报告》，报告显示到 2020 年，中国的高血压人口将有 1.6 亿～ 1.7 亿人，高血脂的患者近 1 亿人，糖尿病患者达到 9240 万人，这些数据令人触目惊心，也让我们认识到"预防大于治疗"才是健康的真谛。

我国的慢病防控需求巨大，未来，新的商业模式会大面积在移动健康医疗领域爆发，针对慢病防控的远程医疗也会一步步走入我们的生活。患者如果有了 POCT 的检测，把数据上传到云平台，平台通过大数据分析，发现了健康问题就会自动联系线下医生，医生再给出治疗方案或者复查的建议，这样就完成了远程诊断。

李泉介绍，华迈兴微的 POCT 从硬件设计上有 4G、蓝牙、Wi-Fi 和 GPS 定位功能，可以实现远程维护、远程数据云平台存储，而且可以构建健康管理系统，可实现数据上传、在线问诊、个人数据在线查询并监测等功能。通过精准的检测结果和数据管理，与医疗、药品、医保形成连接闭环，打造互联互通的健康管理生态体系，同时通过云平台上传精准的监测数据，动态监测仪器使用状态并实现网络质控。

2017 年 8 月华迈兴微全体员工在玫瑰海岸参加户外活动

"目前，微型化学发光分析仪还只是在医院的检验中心使用，作为临床诊断的参考依据，其实它还可以用于预防，用于预后以及慢性病管理，相信不久的将来，每个社区医院甚至家庭都会配备我们的微型化学发光分析仪，届时云平台可以上传大量的个人健康数据，对用户实现连续线性数据监测，实现个人健康的长期实时管理。在我看来，华迈兴微现阶段还只是一家医疗诊断公司，未来却很有希望成为医疗数据的互联网公司。"李泉为华迈兴微的未来规划出绚丽的蓝图，也为我们带来对健康中国的美好憧憬。

06 睿心智能：
打造智能医学平台

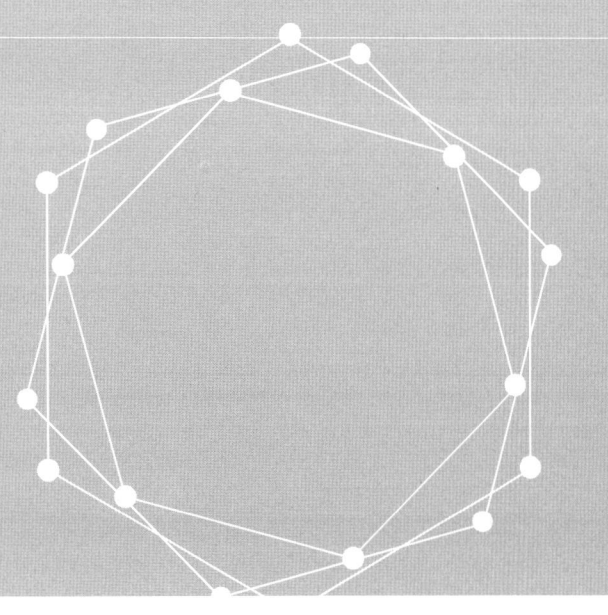

粤港澳大湾区
战略性新兴
产业研究

睿心智能

2017年12月，深圳睿心智能医疗科技有限公司在深圳创立。3位创始人在美国取得博士学位，并分别是在达索系统、斯坦福大学以及达芬奇手术机器人有过多年工作经验的管理专家、心脑血管模拟仿真专家以及深度学习和图像处理专家。公司目前与上海复旦大学附属中山医院、中国医学科学院阜外心血管病医院、斯坦福大学、约翰霍普金斯大学、深圳大学等多家知名机构开展合作研究。旨在开发基于人工智能、云计算、基因检测、模拟仿真等技术的智能医学平台，从而深度挖掘医疗数据中的信息来更精准地评估病情，以及指导治疗方案，实现心脑血管疾病诊疗流程的精准化、智能化、个性化、前瞻化。

心脑血管疾病的发病率、死亡率以及医疗支出等，都高居首位。心脑血管疾病的监控、检测、治疗、康复等均存在一系列的痛点。比如，心脑血管疾病诊断的临床方法中，无创简单的方法例如心电图、运动检查等都不够精准，而精准的检测方法例如冠脉造影又需要患者接受有创的介入手术。又如，对弥漫性病变患者采取怎样的支架放置策略，目前临床并没有一个非常好的解决方案，基本上依赖临床专家的经验和技巧。睿心智能推出的心脑血管一体化平台，旨在利用深度学习等技术，从医学数据中提取更多的信息，为临床专家提供智能、精准的数据分析结果和诊疗指导。创立仅一年时间，公司推出第一款产品，即可基于无创冠脉CTA（冠状动脉CT造影）影像评估病变血管的供血功能，具有非常巨大的临床价值，诊断精度媲美目前临床检测冠心病的"金标准"冠脉造影，已经进入临床实验阶段。

【创业历程】
3 位志同道合的海归博士投身智慧医疗

　　医疗器械产业是一个技术门槛很高的领域，不仅资金投入大、周期长，而且需要高素质的人才团队。早在 10 多年前读博期间，郑凌霄就在探索怎样将在工业界普遍应用的模拟仿真技术应用到人体医学领域，来精准地指导诊断以及手术治疗方案。当时郑凌霄所在的实验室进行了最前沿的、大规模的探索，例如气流经过声带的震动模拟、心血管内血液流动模拟、心脏跳动泵血模拟、瓣膜开合血流流动模拟等。以声带老化松弛的治疗为例，临床专家的治疗方案是将特制的震动片通过手术植入老化的声带中，使声带恢复良好的震动能力。震动片的大小、位置、厚薄等的选择，完全依靠医生的主观判断和经验。而当时实验室能提供的技术可以将患者的声带模型重建出来，利用计算模拟出气流通过声带时声带的震动反应和频率，然后通过优化算法评估最佳的震动片位置选择以及材质几何形状的选择。

　　当他自信自己掌握的模拟技术精准度、安全性能够满足临床需求的时候，又敏锐地察觉到了人工智能在医学影像中的巨大潜力，于是他创造性地将两种技术融合，致力于打造心脑血管疾病诊疗一体化平台，利用科技的力量深度挖掘医学影像的信息，为每一个人提供最精准化、智能化、个性化、前瞻化的健康医疗解决方案。他的想法得到了另外两名留美博士兰宏志和马骏的响应，于是，深圳睿心智能医疗科技有限公司于 2017 年 12 月应运而生，瞄准中国人自己的心脑血管疾病智能诊断平台进发。

睿心智能 3 位联合创始人合影：马骏（左）、郑凌霄（中）、兰宏志（右）

3 位留美博士为创业走到一起

　　睿心智能公司的 3 位创始人郑凌霄、兰宏志和马骏都是在美国名校取得博士学位并在相关领域耕耘多年的专家。为了此次创业，三人都携全家来到深圳定居，全力以赴打造智能诊断平台。

　　睿心智能公司 CEO 郑凌霄拥有北航本科和约翰霍普金斯大学博士学位，从事生物仿真研究超过 10 年。他介绍道："计算模拟仿真在工业上面已经有非常广泛的应用，如在飞机设计、汽车制造等方面。我的博士导师是约翰霍普金斯大学的 Rajat Mittal 教授，以生命医疗模拟仿真为主要研究方向。Mittal 教授是国际知名的流体力学算法（浸入边界法）的开拓者以及生物医学模拟领域的先驱。举例来讲，目前国际最前沿的算法基本上解决的是对静态血管内血流的模拟，而 Mittal 教授及课题组成员研发的算法可以精准构建整个心脏系统，模拟心肌跳动，以及瓣膜开合等复杂运动，其对算法的要求提高了不止一个数量级。我对这个研究方向十分感兴趣。博士毕业后，我到底特律一家顶尖工程软件公司做技术销售，之后又到一家电动汽车公司做模拟仿真部门高级经理。在几年的工作过程中，我的脑海里总是浮现出如何用模拟仿真技术做心脑血管以及医疗健康方面的研究。一次，我在世界顶级的斯坦福大学 Alison Marsden 教授的心血管仿真实验室做交流的时候，遇到斯坦福大学的兰宏志研究员，他曾于清华大学获得本硕学位，并前往杜兰大学获得生物医学工程博士学位。他的研究就涉及基于医疗影像的图像分析、心血管的三维建模、血流的宏微观模拟仿真、血动力学功能参数的提取、高性能仿真软件的开发等。我把创业的想法告诉了他，很快就得到了他的回应。"

"生物仿真在临床上有着重大的意义。"兰宏志热切地说，"我们可以从流体力学等功能性的角度研究心血管疾病的发病机理、诊疗方法的规划、医疗器械的优化设计以及术后效果的预测等，这是仅基于解剖形态学的方

睿心智能办公一角

法所无法做到的。我相信生物仿真会在医学领域带来一场巨大的变革，将医生基于经验的诊疗方式逐步向个性化、精准量化、可控可预测的方向转变，而我希望中国和中国企业能成为这场变革的主角。"

郑凌霄与兰宏志达成共识后，评估了创业的方向，决定以仿真技术助力心血管疾病无创筛查为创业目标。他们俩认为医学建模需要把影像信息抽取出来，要做到心脑血管的精确诊断，对医学影像自动、精准而快速的分析是必不可少的关键步骤。于是，郑凌霄找到了好朋友马骏博士，与他沟通创业的想法。

马骏曾获得清华大学本科学位，并在生物医学工程专业全美排名第一的约翰霍普金斯大学获得博士学位。他拥有10余年的机器学习、深度学习、图像处理经验，曾任职于GE、西门子、达芬奇手术机器人等顶尖医疗器械公司。马骏为何愿意离开达芬奇手术机器人回国创业呢？他说："我同凌霄在约翰霍普金斯大学读博期间便互相欣赏，经常交流对前沿科技的看法。对于心脑血管诊断平台这个愿景，我们师兄弟彻夜长谈了一整晚，从双方所在领域的技术碰撞和融合，到将来产品能为患者带来哪些价值，再到为国为民做一些事情的情怀，一直谈到天快亮。现在回看临床医学技术发展的历史，如果说上半场几十年是以硬件系统为核心的设备更新，下半场的主题就应该是以人工智能为引擎的影像等信息的深度挖掘和分析。我们相信在心脑血管领域，人工智能是能够实实在在地帮到医生的。"他和团队基于大量的影像数据研发的独特而先进的深度学习算法，使计算的精度大幅度提高，速度提高了几十倍。

3人一拍即合，一致同意回国创业，地点选在国内医疗器械产业重镇——深圳。最难得的是，他们三人都决定举家搬回祖国。谈到这次"大迁徙"，郑凌霄说："我们 3 个家庭都在美国生活超过 10 年。举家回国，是一个非常重大的决定，我们要说服妻子，还要安顿好孩子，真心感谢另一半对我们事业的大力支持。我们知道创业是非常艰难的事情，没有破釜沉舟的勇气是做不成的，所以我们没有选择很多人采取的'两地跑'的策略，而是彻底回国投入创业。在过去很长一段时间内，美国在高科技领域遥遥领先，但我们坚信，技术革新的未来在中国，我们很荣幸能够在年富力强的时候投身到这股大潮中来。"

2017 年 12 月，深圳睿心智能医疗科技有限公司在深圳留学生创业园里成立了，3 名海归博士自信而勇敢地跨出了创业的第一步。郑凌霄出任公司 CEO，马骏出任 CTO，兰宏志任首席科学家。

鹏城创业的"拼命三郎搭档"

从中国国情出发，心脑血管疾病的发病率与死亡率都高居所有疾病的首位，而且随着人口老龄化的日益严重，民众饮食中肉类的摄入量显著增加，吸烟、高血压、糖尿病人口居高不下，未来十几年内，心脑血管疾病给中国社会带来的压力将会非常巨大。医疗资源的紧张让临床医生的工作量日益繁重，庞大的患者人群以及爆发式的增长让国家财政的压力剧增。

"对于老百姓而言，心血管疾病例如冠心病和中风等的巨大开销也让他们难以负担。所以，我们尝试打造一系列全新的技术，以更低的成本、更高的准确度去助力心脑血管疾病的筛查与治疗，以提升诊断效率并降低患者负担。"郑凌霄说出创业的目的，"我们便思考并探索将流体力学用于人体生物仿真，基于严格的物理定律，就可以计算出血液在血管中的流动情况，从而可以得到血液的压力、流量、剪切应力等功能性指标。这些功能性指标对于疾病精准检测、治疗方案指导以及术后评估等都具有至关重要的价值。我们对睿心智能的规划是，AI（人工智能）深度学习技术结合模拟仿真等顶尖技术，将为临床专家提供更多、更有价值的深度信息，而非仅仅帮助医生做他们能够完成的任务。"

应该说3人的创业项目是十分受投资机构青睐的。在睿心智能成立之时，就已经获得国内知名投资机构国科嘉和的天使轮投资。天使轮投资方国科嘉和副总裁刘君鹏表示："睿心智能的产品具有巨大的市场应用前景，从临床角度上看，精度高，检测更方便。能够大幅度减少病人住院时间，无创伤的检测效果可媲美原来需要介入手术才能达到的检测精度。从社会

睿心智能团队合影

效益上讲，能够使得大量病人避免不必要的介入检查，从而节省医保以及患者开支。从产品特性上来看，睿心智能的产品是 AI 与医疗影像的完美结合，能够给现有医疗切实助力，并且睿心智能旨在打造心脑血管领域技术平台，发展一系列 AI 医疗细分产品。"郑凌霄介绍："在进行天使轮融资阶段，有几家投资机构都看好我们团队，最后因为国科嘉和对技术理解很深入，对于科技兴国的理念与团队完全一致，所以我们选择与他们牵手。"

人工智能的兴起非常迅速，人工智能与医疗的结合，也为政府以及所有业内人士所关注、看好。然而，怎样将最前沿的科技转化成产品，特别是关系到患者生命安全的医疗产品，这中间有非常多的路要走，非常多的"坑"要蹚。尤其是心血管疾病在学术研究和临床应用上都是一个非常复杂的问题，每个病人都具有不同于他人的解剖结构及生理条件，因此精准的诊疗需要"因人而定"，这需要与医院、专家多多交流，才能获得正确的产品落地方向。在早期探路阶段，3 位博士带领公司的小伙伴们发挥出了"拼命三郎"的工作作风，迅速地拓展人脉，赢取业界专家的信任和帮助。

"自公司创立以来，团队每天都会面临巨大的压力，其中最大的压力莫过于探索出创新的商业模式，将全新的技术更好地应用到临床，为医生和患者解决实际问题。公司合伙人之间、公司内部经常有非常多的思想火花碰撞，从不人云亦云、盲目追逐所谓热点，而是仔细探索人工智能、大数据等新技术在医疗领域的真正落地应用场景。我们坚信，睿心推出的首款产品会在很大程度上改变现有心脑血管疾病的诊断流程，真正能够帮到医生，可以让数百万患者不需要介入手术就可以得到精准的诊断结果。"郑凌霄说，"另一个压力是公司在国内心血管领域的临床积累并不深厚，如何迅速与国内心血管领域专家建立密切合作关系，摸清国内医疗市场的规律，成为摆在创始人面前的巨大难题。我奶奶从小一直跟我念叨一句话：多联扯人，少得罪人。我们回国之后虚心地跟业内的专家、从业人员请教、交流，了解专家的想法以及他们的需求，认真探索合作模式，共同推进研究、临床以及业务进展。像上海中山医院的葛均波院士、阜外医院的唐熠达主任等国内顶级专家都给我们提供了非常多的帮助和指导，包括他们在内的很多专家现在也在跟公司进行研究以及临床业务合作。"

马骏回忆起公司成立初期跟一位专家合作的情形，依然记忆犹新。"这个专家在心血管领域很有影响力，想要跟他合作的团队有好几个。为了测试我们团队的技术能力，这个专家给了我们几十例数据，要我们 10 天后给出处理的结果。如果在大公司，开发一个新的应用最快也需要几个月的时间，而我们必须在 10 天内给出结果。回来以后，我们开始加班加点地标注数据和开发算法。经过一周夜以继日地工作，终于得到第一版的结果。这个结果是不错的，但不算突出。我们估计其他团队也能做到相似的水平。到了晚上，我躺在床上整夜睡不着觉，盯着天花板想办法。突然脑中灵光一现，我想到了一个新的方法。但是这除了要开发新的算法外，还需要把所有数据重新标注一遍。要知道标注数据是非常费心费力的，而我们的小伙伴已经连续工作了一周。他们能在 3 天内完成这么繁重的任务吗？结果我们的标注组一鼓作气地完成了工作，我们的算法工程师也开发了全新的算法。当我们把结果交给专家看时，他说这是他见到的最好的结果，对我们团队刮目相看。而我们对这些 90 后的小伙伴也刮目相看。"

还有一次，郑凌霄和马骏一起去北方一家医院跟专家谈合作。郑凌霄得了很严重的感冒，高烧接近 40℃。本来是 25℃ 的气温，却要穿 3 层衣服，头晕得天旋地转的，即使如此，郑凌霄仍坚持着跟专家开会。因为这次合作的机会非常难得，开会的内容对后续的合作至关重要。在开会过程中郑凌霄的病情越来越重，但是又不想终止会议，不得不找个间隙去看急诊，最终会谈取得圆满结果。两天后，马骏马不停蹄地去海南参加一个心血管创新论坛，参会的也是心血管领域的有影响力的专家。刚到海南也得了重感冒，同样的故事再次上演。海南 30℃的天气，马骏穿着 3 层衣服坚持开会，在开会的间隙去看急诊。咬着牙开完了会，报告的结果得到了专家和同行的一致好评，会后媒体专访的时候，他还开玩笑说公司的传统是轻伤不下火线。回到深圳后，郑凌霄和马骏都戴着口罩互相调侃说："这就是有福同享，有难同当，有冒同感。"

郑凌霄提到曾去拜访的葛均波院士："葛均波院士是心血管疾病领域的大家，与团队 3 人有着同样的家国情怀。葛院士一直致力于早日将心脑血管疾病发病率、死亡率的拐点时间在中国实现。他认为应该把临床需求利用工程方式来解决，可以提高临床技术水平和手术成功率。为了帮助我们了解更多临床需求，他邀请我们加入了'中国心血管医生创新俱乐部'，这对我们是巨大的鼓舞和鞭策。"

睿心智能医疗完成数千万 A 轮融资

2018 年，对于睿心智能来说虽然是起步的第一年，却也是收获的一年。在第四届"中国海归创业大赛"中获得优胜奖。在一年时间里，他们完成了第一款产品——"评估心血管供血功能的诊断软件"的封装和检测，目前进行临床试验。同年 9 月，睿心智能完成数千万元的 A 轮融资，由经纬中国独家投资，所融资金将用于进一步深化和拓展睿心智能医疗在心脑血管领域的人工智能技术与生物仿真技术的开发以及市场推广。

郑凌霄回忆道："经纬中国正在寻找人工智能在心脑血管治疗上的应用项目，看过一些团队都不是很满意。经朋友介绍，我们见面谈了一次，第一次交流就达成了合作意向。经纬说一直想在该领域选择一个团队，谈了一次就认定选择我们团队。从创立到现在，团队非常感激经纬、国科以及其他对公司感兴趣的伯乐们。睿心智能现阶段的目标是将人工智能和力学仿真运用于深度挖掘医学数据中的丰富信息，为临床医生做决策提供更快速、更精准的分析结果。"

经纬中国资深投资经理孙凌皓向媒体介绍了投资理由："我们持续关注计算机技术在生物医药、影像、电子病历等各个领域的应用场景，睿心医疗是经纬在医疗 +AI 方向的最新布局。相比放射科医生，临床医生的诊断需求更为复杂，通过智能诊断解决筛查问题，具有很高的临床经济学价值，睿心在较短时间内已经与国内顶级专家合作建立多个产品线，期待睿心能够成为心脑血管智能诊断领域的平台型公司。"

"我们回国后不久，中美贸易摩擦愈演愈烈，现在到了与发达国家比拼硬科技的时候了，谁掌握了科技创新，谁才拥有更强大的国家综合实力，我们感到肩头所担负的沉甸甸的使命。"郑凌霄说，"给医生提供强大的智能化工具，帮助医生更好地服务患者，从帮助医生看见，到替医生看见，再到见所未见，要走完这'三部曲'需要一个漫长的过程，但我们有信心做到，我们将不会辜负这个辉煌的时代。"

【专家眺望】
人工智能与仿真助力智能精准医疗

随着大数据时代的到来，传统的医疗领域也迎来了一次变革的机会。如何利用最先进的技术保证每一条血管都能得到最早期的诊断和最精准的治疗，这是睿心智能创业所要解决的问题。睿心智能选择专注于心脑血管领域，以人工智能为核心技术，并结合计算流体仿真、云计算等顶尖技术对相关医学数据信息进行深度挖掘，以获取有重要诊断价值的心脑血管功能参数，以给予医生最好的指导。

智慧医疗行业方兴未艾

中国工程院院士邬贺铨说："大数据的应用首要领域就是智慧医疗。"那么，我国的智慧医疗行业发展得如何呢？

2016 年 6 月，国务院办公厅印发了《国务院办公厅关于促进和规范健康医疗大数据应用发展的指导意见》，部署通过"互联网＋健康医疗"探索服务新模式、培育发展新业态，努力建设人民满意的医疗卫生事业，为打造健康中国提供有力支撑。根据全球 B2B 市场情报和咨询公司 BIS Research 的一份市场情报报告——"未来全球医疗保健市场的大数据"分析和预测：2017 年智慧医疗的市场规模估计为 142.5 亿美元，预计到

2025 年，增幅将超过 687.5 亿美元，复合年增长率为 22.3%。另一份报告显示，在智慧医疗较为发达的美国，每年仅医疗数据分析一项，就能为该国产生 3000 亿美元的产值，减少 8% 的医疗支出。我国作为人口大国，人口占世界总人口的 20% 左右，但是医疗资源却仅占世界的 2%，因此，未来我国的医疗领域仍有巨大的发展空间。

根据国务院印发的指导意见，智慧医疗行业在医疗大数据资源共享、临床和科研以及公共卫生的大数据应用、数字化健康医疗智能设备、远程医疗应用体系等领域有着广泛的发展空间。推动智慧医疗行业的发展，可以改变行业原有的以服务收费为导向的模式，让其转向更高品质的医疗服务。也就是说，智慧医疗产业的发展有助于降低医疗成本，同时提供优质的治疗效果和患者体验。临床和科研以及公共卫生的大数据应用，主要是利用大数据技术处理医疗数据，这个方面，主要是利用人工智能算法，对常规的体检数据、影像数据、基因数据进行处理分析，达到诊断、检测疾病的目的。

睿心智能创始人团队注意到，医学影像 AI 技术全部集中在病理形态学方面的识别和判断，但是却无法推测病变器官的功能指标。在心脑血管领域，目前 AI 技术能提供的信息仅限于临床专家能从影像中获取的信息，例如，从冠脉 CT 影像中提取血管的狭窄程度、斑块的属性等信息。然而，这些形态学信息并不足以评估临床专家非常需要的病变血管的供血功能，目前该类功能指标只能通过非常复杂、代价昂贵的介入手术获得。随着 AI 医学图像处理技术的飞速发展，有没有可能结合其他顶尖技术，精准而无创地得到血管的功能指标？利用计算模拟仿真技术精准评估血流功能学指标，这就是睿心独特的技术优势。

睿心首席科学家兰宏志介绍："计算模拟仿真在科学分析和工程制造中被大量地应用，例如，天文气象预测、汽车安全测试、智能手机的设计等，而在生物医疗领域则已用于发现新药、解释生物现象、医疗器械的优化设计等。特别是在心血管领域的研究，仿真扮演着极其重要的角色。从微观尺度，我们可以模拟每一个血细胞在血液中的运动和变形，借此我们研究在动脉粥样硬化最早阶段白细胞是如何进入血管壁的，还可以设计指甲盖大小的微流控芯片对血液样本中的病变细胞进行甄别和分离。从宏观尺度，我们可以模拟包含主要动脉在内的整个循环系统的血液流动，研究血压、剪切力等因素与斑块形成和破裂的关系，分析血流在血管树中的分布来评估血流供给功能，甚至可以对心血管的手术方案进行设计和优化。例如，针对患有先天性心脏病的幼儿，为了修复其心脏的缺陷并恢复应有的泵血功能，医生需要进行复杂而危险的手术。我所在的斯坦福实验室，就利用计算仿真来对多种多样的手术方案进行模拟，从中找到最优的方案，最大化地改善供血效能和降低手术的风险。"

提高医学影像智能后处理效率

中国影像市场规模在 2000 亿～ 3000 亿元，放射科医生每天读片写诊断报告的任务非常重，而且中国医疗资源的分布极其不均，基层医院的医生资源十分匮乏。而培养一名合格的放射科医生周期是非常长的，目前医学影像数据的增长率大概为每年 30%，而影像科医生数量的增长率仅为每年约 4%。以冠脉 CTA 为例，每一个案例医生通常至少需要半个多小时的时间进行影像的后处理以及诊断报告的编写工作。这意味着影像科医生的压力会越来越大，而解决问题的途径就是医学影像的智能后处理。

睿心智能目前研发的基于深度学习算法的心脑血管疾病智能后处理平台，其自动处理后的结果与精准结果相比，DICE 重合度高达 98.74%。而整个智能后处理的时间不超过 3 分钟，这样加上医生审查以及写报告的时间，完成一例冠脉 CTA 的时间可以控制在 10 分钟之内，大大提高了医生的工作效率。

CTO 马骏不无自豪地说："睿心智能目前开发的人工智能程序和方法，达到国际领先水平，与通用电器、达芬奇手术机器人等巨头或新锐公司处在同等位置。我们主要的研究方法是用深度学习从 CTA 图像中自动识别、分割血管以及病灶，并完成自动建模或预测。"

他解释道，深度学习（Deep Learning）是模拟人脑进行分析学习的多层神经网络，它模仿人脑的机制来解释数据、处理数据，通过组合低层特征形成更加抽象的高层表示属性类别或特征，以发现数据的分布式特征表示。深度神经网络是一种具备至少一个隐层的神经网络。为训练医学影像的 U-NET（U-NET 是基于卷积神经网络的新型深度学习算法），使其能够自动地识别和分割冠状动脉，科研人员需要大量的 CTA 数据和人工分割的冠状动脉。根据之前的研究经历和科研文献的推荐，他们需要几百例的原始 CTA 影像以及手工精确分割建模的冠状动脉模型。另外，还需要深度学习同一个病人的相应冠脉造影的影像和数据来推测冠脉造影的研究。训练过程通常要经过几千次或者几万次，直到目标函数达到一定阈值或不再下降为止。类似的，冠脉造影测量的狭窄程度也可以作为机器学习的目标，其误差函数要相应做出调整。训练完成以后，就可以部署到实际应用中，来自动分割或推测新的病例 CTA 影像。

无创精准供血功能评估

心血管疾病是全球致死率最高的疾病，是导致我国人口死亡的第一原因，其中脑血管发病率世界最高。在我国，据 2015 年中国心血管病中心发布的中国心血管病报告显示，2014 年冠心病和中风造成的死亡人数分别近 200 万。经由医生诊断有冠心病的患者在 2008 年即有 1000 多万。更加值得警惕的是中国冠心病的死亡人数在过去 10 年的时间内增长了足足 3 倍多，中风致死人数也在逐年稳步增长。

值得注意的是，心血管疾病和年龄、糖尿病、吸烟史、肥胖和高血脂都有很强的关联性，考虑到中国人口老龄化问题的日益严重，庞大的糖尿病人口、吸烟人口以及日益严重的高血脂和肥胖问题，中国冠心病和中风的危害程度必将持续升级。如何为病人提供精确、方便、快捷的检测手段，将成为心血管疾病治疗的重中之重。

目前，冠心病的诊断流程非常复杂，当患者感觉胸痛、胸闷等来到医院后，医生通常会推荐患者做一些简单的常规检查，比如心电图、冠脉CT、运动检查等。然而，这些无创简单的检测方法都不够精准，医生根据这些结果不能确定患者是否需要做支架等 PCI（经皮冠状动脉介入治疗）手术。最终医生通常会推荐患者去做一个更加精准的介入手术"冠脉造影"来决定是放支架还是药物保守治疗。但是冠脉造影是一个有创的介入手术，需要患者局部麻醉躺在手术台上，医生通过血管造影机，通过特制定型的心导管经皮穿刺入手腕的桡动脉或大腿的股动脉，然后探寻左或右冠状动脉口插入，注入造影剂，使冠状动脉显影。这样就可清楚地将整个左或右冠状动脉的主干及其分支的血管腔显示出来，医生可以了解血管有无狭窄病灶存在，对病变部位、范围、严重程度、血管壁的情况等做出明确诊断，决定治疗方案。

然而，对患者来讲，介入手术是有风险的，例如造影剂过敏、导丝穿透血管、引起房颤、引起心律失常等，冠脉造影存在千分之几的并发症风险，而且据统计，实施冠脉造影的患者仅有30%左右需要在冠脉造影的指导下放入支架，70%左右的做了冠脉造影后发现病情并不严重，只需要药物治疗就好。对医生来讲，介入手术是有辐射的，而且经常穿着沉重的铅衣连续手术让引发腰痛等疾病的概率增加很多。从国家层面来看，70%左右的无效冠脉造影给国家带来了非常大的医疗支出。

郑凌霄解释说："过去，对于缺血性脑卒中患者，血管的狭窄程度是诊断最重要的指标，但是越来越多的研究表明单看血管狭窄程度并不适用于所有人，因为人自身可以适应血管变窄，同样程度的狭窄对于不同的人，所导致的血流变化不一样，所以我们要结合血流动力学的变化来判断患者的病情。"

由此可见，冠脉造影这种基于影像学的检测是不精准的。经过多年的临床验证，血流储备分数 FFR 成为检测冠状动脉狭窄是否引起血流动力学障碍的金标准。FFR 是指冠状动脉存在狭窄病变时，血管的最大血流量与假设不存在狭窄病变时所能获得的最大血流量之比。将其换算为压力，FFR 即狭窄远端压力与狭窄近端正常血管的压力之比，当 FFR >0.8，说明该狭窄没有引起心肌严重缺血；当 FFR <0.8，提示狭窄导致血管远端血流障碍。FFR 测量是目前公认的最精确的冠心病检测黄金法则，并被我国和欧美国家制定的指南推荐用来指导冠心病患者的血管重建。

所以，目前冠心病检测的痛点是简单无创的检测方法都不够精准，而精准的检测方法都是介入式的，代价非常昂贵。睿心智能开发的新产品 Ruixin-FFR，基于无创的影像，利用人工智能、云平台以及模拟仿真等技术，能够得到比介入检查冠脉造影准确率更高的检测结果，是一项填补国内市场空白的产品，可以让几百万患者在做介入手术前得到精准的评估，从而大大降低无效冠脉造影的数量。

兰宏志介绍，睿心智能产品的使用流程是首先从公司搭建的云平台上接收从医生或患者传来的心血管 CT 图像，依据患者冠脉 CTA 影像智能重构三维冠状动脉计算模型，针对每位患者不同的心脏供血量等信息，设置计算模拟所需参数，然后将模型提交到超级计算平台，程序自动求解几千万个方程，得到整个模型的流场以及压强的分布，进而求得整个冠状动脉包括狭窄病变处的 FFR 数值，最后在冠心病专家指导下生成诊断报告，并传送回医院供医生决定下一步治疗策略。"仅需要病人的心脏 CT 影像，依靠我们的人工智能和流体仿真算法和软件就可以准确地推算出每一条血管上每一个位置的供血功能并生成诊断报告。医生根据这个诊断报告可以决定如何用药，是否放置支架，在哪里放置支架等医疗方案。整个检查过程是无创的，可以大大降低患者痛苦，提高患者生活质量，同时，也可以极大地降低医疗支出。"

其实，这款软件除了无创精准供血功能评估，还能为医生做 PCI 提供指导。仅以冠脉 PCI 为例，近 10 年来，PCI 的例数增长非常迅速，2017 年全国 PCI 数量为 75 万例，2018 年 PCI 数量为 92 万例。PCI 手术相对外科手术来讲，更加安全，创伤更少。即使如此，我国内地冠心病患者介入手术死亡率在千分之二到千分之三。除去一些患者主观操作引起的失误，一个现实的情况是，对于复杂病变，例如弥漫性病变，术者并没有很好的工具来帮助评估如何实施手术才能得到最优的结果。所以，在进行介入手术前进行基于无创影像的指导、分析，会让术者减少介入手术时间、对于患者状况更加熟悉，提高介入手术的成功率。

在人工智能医疗领域工作了 10 多年的马骏认为，人工智能的长远定位不仅是提高临床医生在已有流程中的效率和准确率，更加重要的是结合生物仿真等技术提供给医生用眼睛无法直接判断的新信息，从以往经验中无法获得的新知识，最终实现"见所未见"这个愿景，为民众提供更优质的诊疗服务。

随着国民对更高质量生活水平的追求，智慧医疗凭借其更优质的诊疗服务特点，在如今的大数据时代，其发展前景不可估量。而我国在这方面的发展起步较晚，一批勇于创新的科技型企业携手医疗机构、研究院所共同布局，联合攻关，有望实现弯道超车，推动我国智慧医疗产业的跨越式发展。

技术创新给粤港澳大湾区
生命健康产业带来契机

在粤港澳大湾区正式成为国家战略之后，作为粤港澳大湾区的战略新兴产业之一的生命健康产业备受关注。专家指出，新一代技术创新给粤港澳大湾区生命健康产业带来巨大发展契机，这将是面对全球发达国家抢占新科技制高点的重大历史机遇。

深圳作为先行示范区，不仅需要看到下一轮科技革命的发展趋势，还需要全面提升创新的国际化水平。深圳已在BT（生物技术）领域加以布局，未来脑科学与合成生物学将是重要的科技创新的"引擎"，中国科学院深圳先进技术研究院院长樊建平表示，只有着眼未来开辟新域，关注人类下轮发展的新型创新业态，才有可能抓住机遇促成全球科技中心的新转移。

当 BT 遇到 IT，世界将更精彩

深圳市南山区西丽学苑大道边上，中国科学院深圳先进技术研究院的研发大楼巍然耸立，就在研发大楼正门口，有一座非常现代的不锈钢雕塑被绿色景观植物簇拥着，雕塑的一边是代表信息技术（IT）的集成电路，一边是代表生物技术（BT）的 DNA 双螺旋结构，而两边各伸出一只手，紧紧握在了一起，象征着信息技术与生命科学的交叉融合，这也就是先进院多年倡导的"IBT"的未来产业方向。先进院所倡导的"IBT"，是希望通过信息技术与生物科学高度融合，可以实现在脑科学、医疗器械、创新药物、合成生物学等多个学术方向的重大突破。在先进院院长樊建平看来，IT 和 BT 的融合后面有两大推动力，一个是多学科交叉的学术研究必然的结果，另一个是需求拉动、降低成本的结果，学科交叉的边缘地区，实际上蕴含着巨大的矿产。

北科生物董事长胡祥同样看到了这座"金矿"，并且已在着手布局。胡祥说："IT+BT，也就是人工智能与生物科技的融合，将带给我们巨大的历史机遇，在我看来，是小细胞带动大产业，以细胞存储为入口，打造精准健康管理平台，将是一项于国于民都极为有利的事业。"从事研究细胞治疗技术多年的他，目前已经将大部分的精力放在对人工智能的研究上。他在为雄安新区做健康产业规划的时候，提出建立一个"远程医疗平台"，希望做成"中国医疗改革的雄安样板"。在这个规划里，既运用了区块链技术进行储存加密，保护个人健康数据的隐私，又运用数字科技和计算科学建设细胞云平台、个体健康与科技端的信息接口；既有细胞存储和细胞制备的实体库，又能依据个体健康档案提供一站式健康管理方案的科技库。

随着医疗信息化和生物技术数十年的高速发展，医疗数据的类型和规模正在以前所未有的速度快速增长，数据的爆炸已经让医疗行业真正进入大数据人工智能时代，在对传统的数据处理、数据挖掘技术形成巨大挑战的同时，也为相关大数据应用服务的发展创造了条件。大数据与人工智能技术将会进一步释放医疗健康服务潜力，推动生命健康产业向更高效率和更高水平发展，数量众多的人可以从中受益，包括对肿瘤的早期诊断和干预、慢性病的远程诊断和管理，都将借助"IT+BT"融合的东风变成现实。

深港两地联手超前布局脑科学

先进院在沿着"IBT"的未来产业方向布局，向科研领域"皇冠上的明珠"——脑科学发起了猛攻。"大脑之谜"被誉为自然科学的终极疆域，发达国家均在脑科学领域投入重金，酝酿重大突破。比如，美国于2013年公布了"推进创新神经技术脑研究计划"，拟在10年内用30亿美元资助美国脑研究。

基于过去几年的积累，深圳先进院脑认知与脑疾病研究所于2017年正式获批成为"广东省脑连接图谱重点实验室"。脑连接图谱研究是基于介观尺度上神经环路的标记、示踪、调控和功能读取技术，是脑科学研究的前沿，对脑疾病防治有重要意义。2018年，"广东省脑连接图谱重点实验室学术委员会"正式成立，香港科技大学副校长、中国科学院院士叶玉如受聘为重点实验室学术委员会主任。

在建设创新型国家发展战略、推进粤港澳大湾区科技创新发展、重点布局脑科学与类脑研究的背景下，2019年5月，深港脑科学创新研究院（以下简称"深港脑院"）正式揭牌，标志着深港脑院作为深圳市基础研究机构之一正式启动运行，这也是首家深港两地共同建设的深圳市基础研究机构，将是深圳市在脑科学、脑疾病、脑技术等研究领域推动深层次深港合作的新起点。

面对国家推动粤港澳大湾区建设的战略需求，结合脑科学、脑疾病领域的国际前沿，深圳市科学决策、超前布局、抢占科技制高点，以深圳先进院和香港科技大学为代表的深港脑院，由叶玉如院士担任学术委员会主任，深港脑院在深港脑科学合作领域已形成鲜明的研究特色，在科研、人才培养等方面形成新的模式。脑科学团队现已在《科学》《自然》《自然·神经科学》《自然·通讯》《美国国家科学院院刊》等国际权威期刊发表一系列高水平论文。

深港两地联手超前布局脑科学，共建深港脑院，得到深圳市科技主管部门的大力支持。深圳市科技创新委员会党组书记邱宣表示，为积极落实习近平总书记系列讲话精神，深圳市针对原始创新能力提升，进行了一系列规划和布局。她希望深港脑院聚焦国际前沿科学问题，努力解决"卡脖子"技术，"谋长远、练内功"，汇聚粤港澳三地、全国、全球创新资源，加强基础研究建设，加强自主创新能力提升；从服务粤港澳大湾区国际科技创新中心建设的高度谋篇布局。

新技术发展需要产业政策保驾护航

自2018年以来，粤港澳大湾区内不少城市纷纷出台推动生物科技产业的新政策文件，如深圳发布生物医药产业扶持计划，广州设立100亿元的生物医药产业投资基金等。2018年4月中旬，港交所改革落地，允许生物科技企业在没有盈利的情况下上市，为生物科技企业的融资开拓了新的途径，更有助于企业的发展以及走向资本市场，将产品商业化。

政策红利助力行业发展令人欢欣鼓舞。同时，我们也要看到，技术发展从来都不是一帆风顺的，人们对新事物有一个从不了解到了解、不接受到接受的过程，而政策环境也往往会制约新技术的转化和产业化进程。这一点从干细胞治疗领域的产业政策从无到有，再到"一刀切"的严管，然后到目前陆续出台的扶持政策，就可以窥一斑而知全豹。

我们正处于一个新技术不断涌现的新时代，如果产业政策滞后，可能造成市场监管者的缺位而出现劣币驱逐良币，不利于整个产业健康发展；如果产业政策不仅滞后，还缺乏相应的行业标准，一旦出现问题就会出现"一边倒"的声音，如"魏则西事件"，可能对整个产业发展造成停顿，而错失发展的良机。

粤港澳大湾区生命健康产业的发展，在顶端科学项目上要具有大胆创新的开拓精神，鼓励科研机构和民营企业从事基础创新和跨界创新，给人们的健康事业带来福祉；政府部门在政策监管上要与时俱进，要有强烈的紧迫感和使命感，加速生物技术和信息技术的融合，创新发展精准医疗、数字生命等前沿交叉领域，提升生物医药、生物医学工程等优势领域发展水平，打造国际领先的生命健康产业创新中心。